ALABLE POUR TOUT OU PARTIE DU

OCUMENT REPRODUIT

Couvertures supérieure et Inférieure
manquantes

DE LA
MYTHOLOGIE INDIENNE

DE LA COTE DE MALABAR

ET DE LA PÉNINSULE DE L'INDE,

Par J.-P.-P. JOURDAIN,

Capitaine de Frégate, Commandant de Comptoir à Yanaon,
Membre de la Société orientale de Paris, et de la Société d'Agriculture de Calcutta,
Chevalier des Ordres de la Légion d'honneur et de Saint-Louis.

———

Dédié à la Société orientale.

———

PARIS.

RIGNOUX, IMPRIMEUR DE LA SOCIÉTÉ ORIENTALE,
rue Monsieur-le-Prince, 29 *bis*.

——

1845

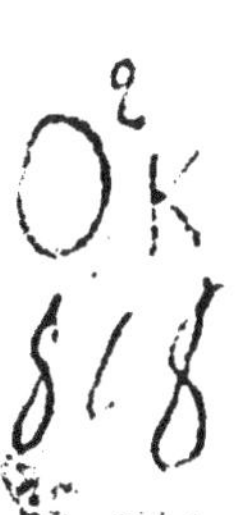

MYTHOLOGIE INDIENNE

DE LA COTE DE MALABAR

ET DE LA PÉNINSULE DE L'INDE (1).

Des Indiens en général, de leur histoire et de leur chronologie.

Lorsqu'on étudie le peuple hindou, on est frappé de l'accord qu'ont entre elles les institutions religieuses et civiles, et du secours qu'elles se prêtent mutuellement pour en faire un peuple religieux, paisible et humain. Si c'était là l'unique but que se proposaient les législateurs, ils ont certes réussi au delà de leur désir, car il est rare de voir un peuple moins sanguinaire. Le dogme de la métempsycose n'a pas peu contribué à inspirer aux Hindous cette douceur et ce caractère passif qui les distinguent. Cependant on est obligé de leur reconnaître des défauts; ils ne sont que trop enclins à la médisance, au mensonge, à la politique tortueuse et à la vengeance. Ce dernier vice est le plus fort, et il n'est pas rare de voir un Hindou dissimuler le ressentiment d'une injure des années entières, et même des dix et vingt ans, attendant tranquillement l'occasion de se venger à coup sûr de son ennemi, sur lui ou sur quelqu'un des siens.

Indolents jusqu'à l'insouciance, incapables de posséder l'énergie nécessaire pour concevoir et accomplir de grands desseins, les Hindous sont res-

---

(1) « Le 20 mai 1828, je fus nommé commandant de comptoir à Mahé, côte Malabar. Le 25 juin, le gouvernement me chargea d'une mission spéciale auprès du gouvernement grec, et à mon retour je reçus l'ordre de me rendre à Madagascar en qualité de commissaire du roi, pour traiter avec la reine des Ovas. Je m'embarquai à Brest, le 5 février 1829, sur la corvette *l'Infatigable*, commandée par M. Dupont, lieutenant de vaisseau, et nous fîmes voile pour Rio-Janeiro, où nous arrivâmes vers la fin de mars; nous en partîmes dans les premiers jours d'avril, et le 19 mai nous jetâmes l'ancre à Saint-Paul (île Bourbon). La frégate *la Terpsychore*, commandée par M. Gourbeyre, capitaine de vaisseau, mouilla, peu de jours après nous, à Saint-Denis, venant aussi de Rio-Janeiro. M. Gourbeyre était nommé commandant de l'expédition de Madagascar.

« L'expédition étant terminée, M. le gouverneur de Bourbon me nomma commandant particulier des établissements français formés à Madagascar. Je remerciai M. le

tés stationnaires au point où les avait portés le dernier législateur. Les sciences et les arts sont encore chez eux au degré qu'ils avaient atteint il y a deux ou trois mille ans; il est inouï de voir un Hindou voyager dans les pays étrangers; enfin ils sont devenus la conquête facile de presque tous ceux qui l'ont tentée. Quelques peuplades qui ont su se maintenir dans une espèce d'indépendance au milieu de leurs forêts et de leurs rochers inaccessibles forment une si petite exception à la règle, qu'on peut n'en point tenir compte, d'autant plus que leurs succès n'ont presque jamais été au delà de la défensive.

Il serait peut-être difficile d'établir un caractère national entre les divers peuples qui habitent les vastes contrées de l'Inde. Chacun a son caractère particulier, et dans chaque province les mœurs et les usages ne sont pas uniformes. Cette différence est d'autant plus sensible qu'il se trouve parmi eux d'autres nations qui s'y sont incorporées, et qui conservent leurs vices et leurs superstitions. Cependant, pour un œil habitué au pays, l'Hindou apparaîtra isolé de ces peuples parasites.

L'histoire de l'Inde est un chaos que bien des auteurs ont tenté de débrouiller sans y parvenir. Écrite par des poëtes dont l'imagination était exaltée par la retraite et l'abstinence, elle devient entre leurs mains un roman où tout prend une forme gigantesque. Un philosophe, un solitaire qui médite, n'est rien moins qu'une planète; tout roi devient un fils du soleil ou de la lune; un guerrier reçoit le nom d'une étoile ou d'un élément; l'ennemi est un astre d'une influence maligne; ce sont des dieux enfin, et non des hommes, qui en viennent aux mains et se disputent non une province ou un royaume, ce serait trop peu, mais le mont où croît l'ambroisie; le ciel, l'empire du jour ou de la nuit. Avec cela point de dates ni d'époques certaines; ou s'il en est fait mention, elles ne sont qu'hyperboliques. Les médailles et les monnaies ne peuvent jeter aucun jour dans ce labyrinthe obscur, car les anciennes ne portent ni dates ni effigies de princes, mais seulement des dieux, des déesses et des symboles.

Il n'existe donc pas d'éléments positifs pour fixer d'une manière satis-

---

« gouverneur de cette marque de confiance, et le priai de me permettre de me rendre à
« Mahé, conformément aux ordres que j'avais reçus du ministre de la marine. Je m'em-
« barquai en février 1830 sur un bâtiment de commerce, et j'arrivai le 12 mars à Pon-
« dichéry, d'où je me rendis par terre à Mahé.

« Pendant les quinze années que j'ai résidé et voyagé dans l'Inde, j'ai employé mes
« moments de loisir à étudier la mythologie, la liturgie et les usages des Indiens; ce
« qu'on va lire est le résultat de mes recherches et de mes observations. Plusieurs de
« mes amis m'avaient conseillé de lire l'estimable ouvrage du savant abbé Dubois,
« ainsi que d'autres auteurs, pour m'aider dans mes recherches; mais j'ai préféré avoir
« recours aux brames instruits, à la côte Malabar, à ceux des côtes Coromandel et
« d'Orixa, et j'ai également consulté, dans mes voyages de l'intérieur, les brames et les
« hommes de talent que j'ai rencontrés, tant Anglais qu'indigènes. Je suis donc fondé
« à croire qu'on peut compter sur l'exactitude des renseignements que je me suis pro-
« curés. »

faisante la chronologie des Indiens, et les livres sacrés sont les seuls documents que l'on puisse consulter. Mais alors survient une immense difficulté, celle d'interpréter ces livres, difficulté qui a fait le désespoir des savants européens. En effet, ces livres, où tout est allégorie, offrent un vaste champ à l'imagination, et il n'en est résulté jusqu'à présent qu'une confusion malheureuse. Chacun a interprété à sa manière, et chaque érudit a apporté son opinion pour l'imposer à la science, qui par ce fait n'a jamais procédé de la vérité. On n'en est encore, sur la chronologie hindoue, qu'aux suppositions, et aucune règle fixe, aucun document positif, ne peuvent être invoqués. On conçoit alors la difficulté que j'éprouve à résoudre cette question tant débattue, et je n'invoquerai en faveur de mes opinions que le mérite d'être fondées sur la raison et la soif de la vérité en l'absence de faits matériels.

Les Indiens distinguent deux sortes d'années, les années divines et les années humaines, et ces siècles nombreux qu'on trouve dans l'histoire de l'Inde ne sont que des siècles divins ou héroïques. Le livre sacré *Quiandrodayam* s'explique ainsi à ce sujet : « L'année des hommes est pour les dieux « un seul jour. » Le vocabulaire *Amarascigha* parle aussi de cette différente manière de compter : « Une année des hommes est un jour et une nuit pour « les dieux. *Yougam* signifie un âge du monde contenant un certain « nombre d'années, non pas des hommes, mais des esprits célestes appelés « *Dévaguels.* Un jour de ces *Dévaguels* est une année pour nous, et une des « leurs en contient 365 des nôtres. »

Tel est le langage des livres sacrés, et la fiction est évidente. Il faut donc faire abstraction de tous les temps divins qui ont existé avant la création du monde, et ne compter que de cette dernière époque. Mais justement elle est inconnue aux brames, et l'on est obligé de renoncer à la fixer plutôt que de s'en rapporter à des calculs exagérés. Seulement, comme les événements postérieurs se rapportent identiquement à ceux énoncés par Moïse, ainsi que je le démontrerai plus tard, on serait fondé à conclure que l'époque fixée par la Genèse pour la création du monde est aussi celle des brames. Ceux-ci ont eu le même déluge que nous; ils descendent comme nous d'un homme sauvé de ce déluge, qu'ils nomment *Manou* au lieu de *Noé*, et *Manou* descendait du premier homme formé de terre, nommé *Ackchzen*. Toutes les fois qu'il est question des siècles divins, c'est toujours pour des événements dont il est impossible de trouver la trace sur notre monde physique, et qui ne se rapportent qu'à un monde idéal, à des génies et à une armée céleste. Il ne faut donc, je le répète, admettre que les faits postérieurs à la création du monde, et rejeter tous ceux qui lui sont antérieurs.

D'après les auteurs qui se sont occupés de la religion des brames, ces prêtres feraient remonter la création du monde à une époque bien antérieure à celle qui est admise par la Genèse, ou plutôt des premiers interprétateurs de la Genèse (puisqu'il est prouvé aujourd'hui que ces derniers seuls sont en défaut). Ce qui a causé l'erreur de la plupart de ces écrivains, c'est qu'ils ont pris pour des années historiques et humaines les temps que les Hindous attribuent aux esprits célestes. Ils n'ont pas compris que dans cette étonnante suite d'années attribuées au monde, les brames entendent parler du monde céleste et de la chronologie des génies qui existaient avant la création de notre monde physique.

Les livres brahminiques ont donc fixé des événements dont l'époque n'a pas été déterminée par Moïse, et avec raison. Ainsi la chute de l'ange *Maissassour*, qui s'était mis à la tête des génies révoltés contre *Parabrahma*, est fixée par les brames; et tout étant nécessairement fabuleux dans cet historique des temps d'avant la création, on doit le rejeter comme partie oiseuse de la science.

Les Hindous divisent le temps écoulé et celui à s'écouler encore en quatre âges, auxquels ils donnent les noms d'âges d'or, d'argent, de cuivre, de fer.

L'âge d'or, ou *Kredayougam*, ou *Satyayougam*, ou enfin *âge de la justice et de la vérité*, selon les livres brahminiques, a duré 3,200,000 ans. C'est ici qu'il faut faire attention que les livres indiens distinguent les années divines et les années humaines. En effet, cet âge commence à la création des génies, et alors se déroule une suite de siècles que l'imagination du poëte étend à son gré. Il faut alors arriver tout de suite à l'époque de la création du monde fixée par la Genèse, et voir si par la suite les événements coïncideront dans les deux religions. Ce premier âge est aussi le règne de Brahma, qui, comme on le verra plus tard, représente la création. Les brames, qui se disent descendants des bons génies, affirment que c'était le temps de leur règne, et ils le représentent sous l'emblème d'une vache, qui est elle-même l'emblème des vertus.

L'âge d'argent, ou *Davidyayougam*, a duré jusqu'au déluge, et comprend, selon les livres saints, le temps qui s'est écoulé depuis Brahma jusqu'à Manou, homme pieux, que l'on verra être le même que Noé. Le commencement de cet âge n'est pas indiqué autrement que par l'apparition de Brahma; mais il faut alors considérer ce dieu dans l'acception de créateur du monde physique, sans quoi le second âge se trouverait confondu avec le premier, qui a eu pour commencement l'existence de Brahma comme créateur du monde céleste.

On voit par là combien on se trouve forcé d'entrer dans le champ des suppositions. Les *Settreas* dominèrent pendant cet âge, et la vertu n'existant plus dans le monde que pour trois quarts sur un quart de vices, on le représente sous l'emblème d'une vache dont un pied est coupé.

L'âge de cuivre, ou *Tredayougam*, a commencé au déluge et a continué jusqu'à *Krichzna* et la guerre des *Pandaves*. Ce fut le règne des *Veinsjas* où les vertus furent égales aux vices, et que l'on représente par une vache se traînant sur deux pieds.

Enfin l'âge de fer, ou *Calyougam*, est l'époque où nous vivons, et continuera jusqu'à la fin du monde. Les *Soudras* dominent, et la vertu étant réduite au quart de sa puissance, cet âge est représenté sous la forme d'une vache qui se soutient péniblement sur un pied.

Après un long repos le monde renaîtra, et une nouvelle succession de siècles aura lieu (1).

On trouve aussi plusieurs ères dans le quatrième âge seulement, qui servent de jalons dans ce chaos, et qui au moins reposent sur des bases solides. L'ère la plus générale, et qui est suivie des peuples méridionaux et septentrionaux, est celle de *Salivagana-Sagâptam*, qui veut dire *année de Salivaganam, roi de Sagam*. Ce roi, ayant vaincu ses ennemis, acquit une grande puissance dont il usa pour faire le bonheur de ses peuples. Il protégea aussi les sciences, et donna de grands biens aux brames, qui, par reconnaissance, firent une époque de sa mort. C'est à cette mort que commence l'ère de *Salivagana-Sagaptam*, qui répond à l'année 78 de l'ère chrétienne.

Une autre ère assez répandue est celle du roi *Vikramaditya*. Notre année 1815 répond à l'année 1002 de cette ère.

Les Malabars comptent leur ère civile de la fondation de la ville de *Coulou*, ville autrefois célèbre. L'année de cette ère 1019 répond à la nôtre 1815. Les habitants de l'île *Vaypim* prennent leur ère au moment où la mer commença à se retirer de leur île. Leur année 501 répond à la nôtre 1815. Leur année commence toujours le 1er septembre, époque à laquelle finit la mousson de la côte malabar, et commence la belle saison.

De l'année et de ses divisions.

L'année des Hindous est, comme la nôtre, de 365 jours, divisés en 12 mois; mais leur année commence ordinairement dans le courant d'avril, ce qui fait que leurs mois ne correspondent pas aux nôtres. Ils attribuent à ces mois les noms des douze signes du zodiaque (2); voici ces noms :

Adhe-mâssam.	Avril.
Ithava-mâssam.	Mai.
Mizouna-mâssam. . . .	Juin.
Curkquilhego-mâssam.	Juillet.
Cuntra-mâssam.	Août.
Canni-mâssam	Septembre.
Toula-mâssam.	Octobre.
Verejzquiga-mâssam. .	Novembre.
Danouba-mâssam. . . .	Décembre.
Pollacᵤa-mâssam. . . .	Janvier.
Conmbha-mâssam . . .	Février.
Mina-mâssam.	Mars.

La semaine se compose de 7 jours, dont les noms sont ceux des planètes et s'appellent : *jour du soleil*, ou dimanche; *jour de la lune*, ou lundi; *de*

---

(1) On verra, dans la discussion qui est à la fin de ce travail, sur quelles bases je me suis fondé pour établir la durée de ces différents âges, et les rapports qui existent entre les livres des brames et ceux de Moïse

(2) Ils nomment les signes du zodiaque les *douze loges du soleil*.

Mars, ou mardi ; *de Mercure*, ou mercredi ; *de Jupiter*, ou jeudi ; *de Vénus*, ou vendredi ; *de Saturne*, ou samedi.

Le jour est divisé en 60 parties, que l'on nomme *najigués* (1), et qui sont comprises entre deux levers du soleil.

Les Hindous, ceux du moins de la presqu'île de l'Inde, ne connaissent guère que deux saisons, l'été et l'hiver, ou la saison sèche et celle des pluies. Dans le temps qu'une de ces saisons règne à l'est des Gates, l'autre se fait sentir à l'ouest, singularité que l'on est fort embarrassé d'expliquer. L'opinion la plus accréditée est que les vents, soufflant alternativement une partie de l'année contre les Gates, apportent sur ces montagnes des vapeurs qui s'y accumulent et forment des nuages qui retombent en pluie. Cette division de l'année en deux saisons sert aussi à compter la marche du soleil vers le sud et son retour vers le nord; car les Hindous, quoique pouvant calculer les éclipses de soleil, croient encore que cet astre fait sa révolution autour de la terre.

Les Hindous ont encore divisé le temps en périodes de soixante années, dont chacune a un nom particulier et dont on se sert toujours pour les dates.

De la terre et du ciel.

Les anciens brames, comme les pythagoriciens, avaient en grande vénération les trois nombres 9, 6 et 3, auxquels ils attribuaient de grandes vertus et qui faisaient la base de toutes leurs sciences : philosophie, géographie, astronomie. Ces trois nombres se retrouvent continuellement dans les livres sacrés et sont quelquefois combinés entre eux; ils existent même sur une ancienne carte que les brames m'ont montrée, et qui représente le monde tel que les Hindous le supposaient autrefois. La distribution de cette carte indique que les anciens brames ne connaissaient que les neuf parties de l'Inde parsemées de montagnes qui constituent à peu près toute l'Asie, et que les autres pays de la terre leur étaient inconnus. Ils admettaient que la terre est ronde, et par conséquent plaçaient l'Ile de Ceylan vers le pôle austral, mais en dehors de la sphère terrestre. Il est encore à remarquer que cette carte met le mont Mérou à la troisième zone septentrionale, en descendant un peu vers le midi et au nord de la terre de Gemba, qui, suivant les géographes européens, est au 30ᵉ degré de latitude septentrionale. Ce mot *Gemba* (prononcez *Guamba*) est une corruption de *Guammabhou*, qui veut dire «terre natale;» et tous les Indiens croient que c'est dans ce pays que Dieu les a créés par le moyen de Brahma. Le royaume d'Ayodia, pays natal de *Chrzi-rama*, est un peu plus vers le nord, au-dessus du mont Mérou. Les montagnes du Thibet vers Cachemire, au 36ᵉ degré, sont les bornes septentrionales de l'Inde de ce côté, et par conséquent la Bactriane (*Khorazan*)

---

(1) On voit à quelles erreurs se sont livrés ceux qui ont pris les *najigués*, ou heures indiennes, pour des heures comme les nôtres.

et l'Indo-Scythie font partie de l'Inde, suivant cette mappemonde.

Les brames distinguent deux cieux: le ciel supérieur et le ciel inférieur. Le premier est gouverné par le soleil, assis sur un trône resplendissant de lumière, et dont la cour se compose de la lune et des planètes, qui reçoivent de lui la lumière, l'adorent et le contemplent en silence, méditent sur ses perfections et lui obéissent comme des disciples à leur maître. La lune est l'épouse du soleil, et les *neuf* planètes (les brames en comptent neuf) sont les ministres et les conseillers du roi du ciel, et distribuent à leur tour la lumière à d'autres astres, qu'elles instruisent et gouvernent. Le ciel inférieur est le royaume du dieu *Indra*, maître souverain des dieux subalternes ou demi-dieux, nommés *Davagués*, et qui apparaissent sous la forme des étoiles. Les Indiens en comptent 3,000,332. Ces dieux ne sont ni parfaits ni immortels, et quand ils se rendent coupables de quelque faute, Indra les chasse du firmament et les envoie animer le corps d'un homme ou d'un animal. Le livre qui contient les noms et les différentes classes de ces dieux se nomme *Amarasigha*, et est souvent consulté par les brames.

Le Père Ildephonse, missionnaire, rapporte ainsi l'opinion des brames sur le mouvement des corps célestes: « Il y a dans la partie septentrionale du monde une montagne très-élevée nommée *le mont Mérou* (1). Le soleil, la lune et les étoiles, après leur coucher, font un long circuit du couchant au nord, et se tiennent derrière cette montagne jusqu'à ce que, s'étant reposés le temps prescrit, ils reparaissent au sommet de cette montagne pour réjouir l'Inde de leur présence. »

Quoi qu'il en soit de toutes ces fables, si familières aux Orientaux, il est reconnu généralement que les brames sont grands observateurs des mouvements célestes; qu'ils ont donné des noms à toutes les étoiles visibles, dont ils connaissent la durée des révolutions et les époques du lever et du coucher, et qu'enfin ils savent calculer les éclipses. Ils sont, en outre, astrologues, et leurs calendriers annoncent les tempêtes, les malheurs publics, l'abondance ou la disette, les jours fastes ou néfastes. Leurs mois, je l'ai dit, sont au nombre de 12, et portent les noms des signes du zodiaque; les jours portent ceux des planètes.

Les Indiens possédaient toutes ces connaissances longtemps avant qu'il en fût question chez les nations européennes, si l'on en croit les auteurs anciens qui ont parlé de l'Inde. Arien dit que les brames pronostiquent sur les saisons de l'année et les événements publics; mais qu'ils ne veulent rien prédire sur les affaires des particuliers, soit qu'ils ne croient pas que l'art de la divination puisse s'étendre jusqu'aux petites choses, soit qu'ils regardent comme au-dessous d'eux de s'occuper de minuties. Strabon affirme que les brames cultivent les arts et les sciences, et principalement la physiologie et l'astronomie. Néarque en parle comme de grands naturalistes, et Quinte-

---

(1) Cette montagne sépare l'Inde du Thibet et a été le berceau du dieu Chiva, qui n'est autre que Bacchus.

Curce les traite de savants observateurs des mouvements célestes. Enfin, Strabon dit que les brames ont la même opinion que les Grecs sur beaucoup de choses; entre autres : que le monde a été créé et aura une fin; que la terre est sphérique, et que Dieu, qui en est l'auteur et l'essence, la pénètre dans toutes ses parties.

Unité de Dieu.

Les brames, qui ont approfondi leur religion et appris à la dépouiller de toutes ses allégories, reconnaissent un seul Dieu parfait et éternel, existant par lui-même et seul digne d'être appelé *Dieu;* mais dont les attributs sont personnifiés sous différents noms, que le peuple, peu instruit ou peu soucieux de l'être, a considérés comme autant de divinités, et qui ne sont que les emblèmes d'une action ou d'une perfection de l'Être suprême. — Dans leurs livres, ce souverain Dieu, qu'ils nomment *Parabrdma, Ichzouara, Karta, Seigneur,* etc. etc., est désigné avec les épithètes suivantes : *Être qui est par lui-même, sans commencement ni fin, incorporel, infini, indéfinissable, infiniment parfait, cause universelle, rémunérateur, vengeur, créateur, qui n'a ni égal, ni semblable, ni second, bienfaisant, trésor de miséricorde.*

Le Père Paulin eut une conversation avec le brame Guiandra Goviada, et en voici le résultat, tel qu'il l'a écrit sous la dictée de ce brame : « Ton in-
«tellect et ta pensée, ô Dieu! sont comme la lumière de la lune, qui n'est
«ni vive, ni obscure, mais toujours tranquille et douce dans sa clarté...
«Ceci est une comparaison, et non l'essence de ton esprit. Oui, tu es la lu-
«mière des temps et des lieux, toujours heureuse, éternelle et immuable.
«Ta sagesse connaît mille lois et au delà, et cependant elle opère toujours
«librement. Tu existas avant tout ce qu'on honore : louanges et adorations
«te soient rendues! Tu es le seul vrai *Bhagavdne;* heureux, toujours bien
«heureux. Tu es la divine essence de toute loi et la forme de toute sagesse:
«à toi, *Parabrdma,* soient la louange et l'adoration! Toi qui as existé avant
«tout ce qui est, tu es le témoin de l'univers et le conservateur de tout : à
«toi appartiennent la louange et l'adoration! Tous les autres dieux ne sont
«que des inventions de l'homme, des êtres inférieurs qui ne peuvent péné-
«trer tes secrets. Nous-mêmes, pauvres mortels, parce que nous ne pouvons
«découvrir ni définir ta forme, ni te connaître, nous sommes affligés, et
«sans cesse nous parlons et nous discutons sur toi.»

Le Père Paulin lui ayant demandé comment Dieu gouverne, le brame répondit : «Par sa substance et son essence, par son intellect et sa volonté, et
«par un moyen qui lui est particulier et dont rien n'approche.»

Dieux inférieurs.

Cet Être suprême, suivant un ancien manuscrit, a chargé un grand nombre de dieux des éléments ou des choses créées ou à créer. Il y en a trois principaux, qui réunissent les trois attributs essentiels de Parabrâma :

création, conservation, destruction; on les nomme *Brahma, Wichnou* et *Chiva.* Un philosophe indien dont j'ai déjà parlé, Guiandra Goviada, affirme que Parabrâma est dans ces trois dieux et dans toutes leurs opérations, de la même manière que notre soleil visible est vu par les hommes dans un vase plein d'eau : quoiqu'il n'existe réellement pas dans cette eau ni dans ce vase, on le considère cependant et on lui paye un tribut de louanges et de respect.

Il faut avouer que cette réunion de trois dieux en un seul ressemble bien à la Trinité des chrétiens, et j'aurai souvent encore l'occasion de faire remarquer des concordances du même genre.

Les trois éléments, la terre, l'eau et le feu, correspondent à ces trois dieux ; car la terre est considérée comme le principe de création, sous l'emblème de Brahma ; l'eau comme principe de conservation, sous l'emblème de Wichnou ; et le feu comme principe de destruction, sous celui de Chiva. Ces trois dieux, tantôt mâles, tantôt femelles, combattent les uns contre les autres, s'accouplent et engendrent ; c'est-à-dire que les trois éléments, après avoir lutté entre eux, finissent par se combiner : l'eau s'imbibe dans la terre et le feu l'échauffe, la rend féconde et lui fait produire les plantes. Les Indiens, pour montrer que tout a été créé par le concours de ces trois éléments, représentent, sur un même corps et avec une seule tête, les trois visages de Brahma, Wichnou et Chiva.

Guiandra Goviada, interrogé sur les propriétés et la nature de ces trois dieux, répondit «que la terre était la nature et la propriété du dieu Brahma, «et que, quoique inféconde par elle-même, elle produisait cependant toutes «choses par le concours du soleil et de l'eau ; que l'eau était le dieu Wich-«nou, c'est-à-dire que ce dieu était la nature humide et propre à la conser-«vation ; enfin, que le feu était le dieu Chiva, qui brûle et détruit tout.»

LINGAM.

Je suis ici fort embarrassé pour exprimer ma pensée par des mots qui ne choquent pas la pudeur et la délicatesse des Européens. Les Hindous ne voient pas de mal à révérer l'acte de la propagation des êtres, et ils appellent par leur nom les choses ou les actes dont notre langage se révolte. Il ne faut pas croire pour cela que les Hindous, dont la conversation paraît si grossière aux Européens, à cause de la naïveté des expressions, soient plus vicieux et plus corrompus que nous. Les Anglais de Calcutta disent, dans leurs *Asiatic researches,* que dans l'Hindoustan il n'est jamais venu en pensée aux législateurs ou aux peuples qu'aucune chose naturelle pût offrir une obscénité choquante. Enfin je citerai la réponse du grand lama au Père Horace de Pinnabet, qui lui reprochait l'obscénité des cérémonies religieuses du Thibet : «Votre législateur ne connaît pas la magie secrète «des symboles de la nature ; nos mages embrassent des femmes, mais ne «consomment point l'acte avec ces femmes, voilà ce que vous ignorez.»

Le Père Paulin, missionnaire érudit, avait contracté, par sa longue familiarité avec les brames et les autres Indiens, l'habitude de parler comme eux, et il entasse dans ses ouvrages les mots de *lingam, lingamium, portentim, phallus, priapus,* etc., *yani, matrix, vas femineum,* etc., et il ne cesse de revenir continuellement sur ces mots avec une bonhomie parfaite.

Contraint, par la susceptibilité des oreilles françaises, à être plus réservé que le Père Paulin, je me servirai du mot *lingam* pour exprimer le *membrum virile,* et de *yoni* pour exprimer le *vas femineum.*

Les anciens philosophes regardaient le ciel et la terre comme les auteurs de l'univers, attribuant au premier une force active, et à la seconde une force passive. Ils enseignaient que l'action du ciel, c'est-à-dire du soleil et des planètes sur la terre, développait les germes qu'elle contenait dans son sein, et qu'enfin de la combinaison du feu et de l'eau, de la chaleur et de l'humidité avec la terre, résultait une force énergique et créatrice qui avait donné l'existence à l'univers, et était le principe de génération de toutes choses. D'après ce raisonnement, ils comparaient au *lingam* l'action du ciel envoyant ses influences, et à l'*yoni* le sein de la terre qui les reçoit. Les Indiens, dans leur langage allégorique, disent que le dieu Chiva, qui dirige le soleil et est en même temps le dieu du feu, a institué le *lingam.* C'est pour cela qu'ils portent ce symbole de la génération en l'honneur de Chiva, et lui rendent un culte particulier.

Les brames sont partagés sur l'origine du *lingam.* Ceux de la secte philosophique et religieuse de Wichnou disent que ce dieu, métamorphosé en femme, eut commerce avec son frère Chiva, c'est-à-dire que la chaleur et l'humidité se combinèrent ensemble, et que de cet inceste provint le phénomène lingamien. Ceux de la secte chivanienne disent que Chiva, étant le principe de toutes choses, eut pour femme *Bhavani,* ou la nature, et que de leur mariage naquirent tous les êtres créés. Ils représentent donc par le *lingam* l'acte conjugal de Chiva et de Bhavani, ou la nature dans l'acte de la génération. Pacunar, poëte gentil, raconte d'une autre manière l'origine du *lingam.* « Au commencement, dit-il, il y avait un bananier (symbole de la fécondité) dans lequel était renfermé de toute éternité un triangle infini. Dans ce triangle était la déesse Chakti ou Bhavani, et le *lingam* de Chiva. Le bananier, étant parvenu à son dernier degré de croissance, se fendit par le milieu, et des trois angles du triangle où était le *lingam* de Chiva sortirent trois dieux : Brahma ou Ayen, Wichnou ou Mâli, et Chiva. Ces trois frères, enfants de *Chakti,* devinrent ses maris. Le *lingam* serait ainsi l'emblème des trois dieux Brahma, Chiva et Wichnou, mais généralement il n'est que la représentation la plus vénérée de Chiva, et il est toujours placé dans le sanctuaire de ses temples. »

Parabrahma, seul vrai dieu existant par lui-même, ne peut, suivant quelques-uns, être représenté sous aucune forme corporelle, et ne peut se connaître que par ses œuvres. Cependant, comme il est nécessaire de lui donner une forme matérielle aux yeux du peuple, on le représente sous la forme de la lettre O, d'un cercle, d'un œuf, d'un triangle, et quelquefois d'un *lotos* (1). Le Père Georges dit que le triangle est l'autel des brames,

---

(1) *Le lotos* est la première plante qui sortit de terre après une inondation qui avait tout détruit. Il est le signe ou emblème de la fécondité.

qu'il est pour eux l'emblème de l'Être suprême, et renferme la matrice de
la déesse Bhavani ou Chakti. Pacunar, que j'ai déjà cité, chante dans ses
vers le Triangle, auquel le sommet du mont Mérou sert de trône. Le livre
sacré *Pravanguia-Srechti* enseigne qu'à la fin du monde, après que tout
aura été consumé par un souffle enflammé, les éléments de toutes choses
se retireront dans le lotos ou la matrice de la déesse Bhavani. Il est bien
évident que cette déesse est la nature universelle ou l'Être suprême.

BRAHMA.

Brahma, dieu et génie de la terre et de la matière. Il paraît être le Brebi
des Égyptiens. On le représente ordinairement avec quatre faces, dont les
trois qui sont visibles figurent les trois lois ou livres du Védam, que les
brames reconnaissent. La quatrième face, qui se trouve derrière, désigne le
quatrième livre du Védam, qui traite des enchantements, et que les basses
castes seules reconnaissent. Le siége de Brahma est le lotos, et sa monture
est le *hamsa,* c'est-à-dire un cygne ou une oie. Quelquefois il est représenté
avec une longue barbe, portant d'une main le livre *Granthan*, fait de
feuilles de palmier, de la seconde un rosaire, et de la troisième un vase de
cuivre. Enfin on le voit souvent assis sur quatre cygnes, ses quatre visages
ornés d'autant de couronnes et plusieurs rosaires pendus au cou. Brahma
est toujours représenté assis ou appuyé sur le cygne, parce que cet oiseau
est le symbole de l'eau, et, selon les Indiens, ne boit que l'eau la plus pure
qui se mêle avec l'air pour former l'atmosphère. Brahma ou la terre est
donc porté sur le cygne, qui représente l'eau ou l'atmosphère. Brahma n'a
point de temple.

SARASVADI.

Sarasvadi, femme du dieu Brahma, et déesse de la science, de l'éloquence,
de l'harmonie, de l'ordre, préside à la grande harmonie universelle, et à
l'intelligence qui dirige la terre dans ses productions. Elle porte sur la tête
une mitre oblongue, sur le front le signe sacré du *lingam*, et ses ma-
melles nues semblent offrir le lait qu'elles renferment. Dans ses quatre
mains elle tient une plante de lotos, un livre, un stylet tel que celui dont
se servent les Indiens pour écrire, et un rosaire. Elle porte, comme Brahma,
un cordon qui lui descend des épaules et indique qu'elle a le droit d'enseigner. Ailleurs elle n'a que deux mains, dont l'une tient un stylet, et l'autre,
pendante, repose sur sa cuisse. D'autres fois ses quatre mains soutiennent
un stylet de fer, une feuille de palmier, un couteau et la figure d'un cerf,
représentant Brahma lorsqu'il devint amoureux d'elle et l'obligea de con-
descendre à ses désirs. Elle donne aux adorateurs de Brahma des richesses
et une nombreuse progéniture.

WICHNOU.

Wichnou, qui signifie *vainqueur*, s'appelle aussi *narayena*, qui veut dire
assemblage d'eau, c'est-à-dire *vainqueur par le pouvoir de l'eau*, prend différents noms dans ses neuf ou dix incarnations, et a des temples où on

l'adore sous chacun d'eux. Communément on le représente avec quatre mains, qui signifient, suivant les wichnouniens, la puissance, la justice, la libéralité, et la sagesse. Dans l'une, il tient un lotos, première production de l'eau; dans la seconde une massue, avec laquelle il punit les méchants; la troisième porte deux triangles placés sur une roue, pour indiquer que le monde tourne et se conserve par le mouvement; la quatrième, enfin, tient un *dingam*. La tête de ce dieu est ornée d'une triple couronne pour marquer le triple empire qu'il exerce: 1° sur la mer, grand réservoir des eaux; 2° sur la terre, qu'il arrose; 3° sur l'air, où ses eaux s'élèvent en vapeurs et forment les nuages. Il porte au cou un diamant nommé *constoubha-mani ;* ses reins sont couverts d'une toile jaune, couleur qui pour cela est en grande vénération chez les Indiens, et principalement les wichnouniens. Il porte aux oreilles des escarboucles et est assis sur un aigle appelé *garoudha ;* il tient aussi à la main une clochette, coutume que les pénitents ont pris de lui pour annoncer aux impurs qu'ils aient à s'éloigner d'eux.

<h2 style="text-align:center">LATKCHÉMI.</h2>

Latkchémi, femme du dieu Wichnou, est la seconde des sept déesses appelées *sapta-mâddara*, ou *les sept mères*. Son nom signifie *belle*. Elle est représentée assise, tenant un lotos et la tête couverte d'une mitre, tantôt terminée en cône, tantôt entr'ouverte, ou bien encore avec les cheveux relevés et noués sans art sur le haut de la tête. Elle porte le *lingam* peint sur le front, et sa poitrine est nue. Quelquefois elle est debout, entr'ouvrant un sac qui lui pend des épaules, et laisse voir sa gorge comme pour offrir le lait à ses adorateurs; on lui voit même quelquefois dans les bras un enfant qu'elle allaite. On la reconnaît aussi sous les traits d'une belle vierge dont la parure galante et somptueuse annonce le désir de plaire. Le manguier, ou *mava*, et le lotos sont consacrés à cette déesse. Le jour, elle établit sa demeure sur les lèvres de la vache, et la nuit elle réside dans le feu, ce qui la fait regarder comme la déesse tutélaire du feu que l'on conserve la nuit. On lui donne les épithètes de *Chzry* et de *Ichzani*, qui veulent dire *maîtresse*. L'analogie qui existe entre les noms *Chzry* et *Cérès*, *Ichzani* et *Isis* porterait à croire que les Grecs et les Latins ont pris leur Cérès chez les Brames, comme aussi les Égyptiens leur Isis, d'autant plus que ces trois déesses ont à peu près les mêmes attributions chez ces peuples, et que le peu de différence des noms peut provenir seulement de celles qui se trouvent dans l'alphabet, la prononciation et le génie des langues.

<h3 style="text-align:center">*Incarnations de Wichnou.*</h3>

Un grand point de la religion des brames et sur lequel ils sont tous d'accord est l'incarnation de Wichnou répétée dix fois. Ces différentes transformations doivent être considérées comme représentant les services que Wichnou a rendus au monde. Il est tantôt pris pour l'eau, et tantôt pour le soleil; mais cette contradiction ne doit pas étonner puisque, sous toutes les formes, il a toujours le caractère de conservateur.

Première incarnation. — Wichnou prit la forme d'un poisson pour retirer de la mer les livres du *Vedam*, que le mauvais génie *Irannya* y avait jetés après les avoir volés à Brahma pendant son sommeil. Il sauva en même temps *Manou* ou *Satyanta*, homme juste que le prince des esprits malfaisants voulait noyer. — Dans cette incarnation on l'adore sous le nom de *Matchia-Vataram*.

Deuxième incarnation. — Wichnou soutint, sous la forme d'une tortue, le monde qui tombait dans la mer. Cet accident était arrivé à la suite du terrible combat que livraient les bons génies *Devaguel* à leurs ennemis les *Assourer* ou *Assurer*, qui voulaient enlever de force aux dieux l'ambroisie céleste qui croît sur le mont Mérou. Au plus fort du combat et au moment où les bons génies allaient succomber, le mont Mérou, qui devait être le prix des vainqueurs, s'écroula et aurait disparu pour toujours si Wichnou, à la prière des génies *Devaguel*, ne se fût, sous la forme d'une tortue, plongé dans la mer pour le relever. — On l'adore dans cette incarnation sous le nom de *Courma-Vataram*.

Troisième incarnation. — Wichnou, que l'on nomme alors *Varaguen*, se mit dans le corps d'un sanglier ou porc pour retrouver, en fouillant la terre, les pieds du dieu *Roudra*, qui s'y trouvaient enfouis, et pour soulever hors de l'eau, avec son groin, la terre qu'Irannya s'efforçait d'enfoncer dans l'abîme. Wichnou, vainqueur du mauvais génie, parvint à remettre la terre à sa place.

Quatrième incarnation. — Il prit la figure de *Narasigua*, moitié homme et moitié lion, pour tuer le géant ou génie Irannya, qui persécutait les dieux, les saints solitaires et surtout *Pragaladen*, sage qui s'était dévoué au culte de Wichnou. Ce dieu, après avoir tué Irannya et bu son sang, abolit le culte de ce géant et y substitua le sien, que les peuples adoptèrent avec joie.

Cinquième incarnation. — Il s'incarna en brame sous le nom de *Vamoua*, qui veut dire *pygmée*, pour punir le roi ou chef des limbes *Bâli* ou *Mahavelle Chzakrati*. Il le précipita dans les enfers, d'où il ne revient qu'une fois par an, au mois d'août ; mais Wichnou ne manque pas de revenir aussi pour l'y précipiter de nouveau, et en même temps pour voir si ses lois sont bien observées. C'est pour se préparer à bien recevoir Wichnou que les Malabars observent pendant ce mois un jeûne de huit jours, prennent des vêtements neufs et célèbrent des jeux guerriers, armés d'arcs, de flèches et de différentes autres armes. Lorsqu'un des combattants est tué ou blessé, on regarde son sort comme digne d'envie, car il a aidé le dieu bienfaisant à chasser Bâli, et ceux qui meurent pour une si belle cause ne peuvent manquer d'être récompensés par le paradis de Wichnou. Dans quelques endroits, cette fête se célèbre au mois de novembre.

Sixième incarnation. — Les Indiens disent que Wichnou se fit *Varaison-râma*, c'est-à-dire «homme fort et supérieur à tous,» pour punir quelques rois cruels et impies nommés *Kétrier*, et tuer le puissant géant ou seigneur *Cartta-Viraguéne*. Wichnou l'assomma avec une charrue, lui coupa ses mille bras et fit de ses os, qu'il entassa les uns sur les autres, des monceaux semblables à des montagnes. Cette incarnation, regardée comme la sixième par les Indiens septentrionaux, passe pour la huitième chez les méridionaux. Il eut pour père le pénitent *Chamadaguini* et pour mère *Mariatale*.

Septième incarnation. — Wichnou se transforma en *Balabha-Drdrama*, héros d'un courage extraordinaire, pour châtier les rois de l'Inde nommés *Rajapoutes*, rétablir le culte des dieux, les sacrifices, les ablutions, la justice, que ces méchants princes avaient interrompus.

Huitième incarnation. — Il devint *Chzri-Râma*, et parcourut l'Inde. — Voici comment on raconte ses expéditions : Au temps de sa naissance, il fut nourri par *Rohini*, une des vingt-sept constellations que la lune parcourt ; mais parvenu à l'âge d'homme, il se mit à voyager par toute l'Inde. A cette époque, le roi *Ravana*, dieu de la nuit et des richesses, régnait sur l'île de Ceylan, et menaçait d'envahir le monde entier. Ce roi avait plusieurs têtes, entre autres une tête d'âne, et inspirait une frayeur horrible à tous les peuples qu'il asservissait ; il enleva même *Sida*, femme de Chzri-Râma. Celui-ci accourt furieux, livre combat au tyran, et, à l'aide des singes commandés par *Hanouman*, met en fuite les troupes, les éléphants et les chariots de Ravana ; puis il l'attaqua corps à corps, lui coupa les têtes et les bras, après l'avoir percé de flèches, et s'empara de son royaume. Il eut encore à vaincre deux frères de Ravana, nommés *Kambhacarnem* et *Vibhichznem*, qui étaient de riches et puissants guerriers. Après ces glorieux exploits, il parcourut le monde en vainqueur. — Wichnou présente ainsi beaucoup de ressemblance avec Bacchus le jeune.

Neuvième incarnation. — Wichnou se transforma en *Krchzna* (noir), pour défendre les cinq frères *Pandaves* contre leurs cent cousins, qui voulaient les exclure de la succession à la couronne de leur père, sous prétexte que leur mère les avait eus sans la coopération du roi *Pandou*, son mari.

Suivant le livre *Bhâgavadam*, Krchzna naquit dans la ville de Maduré, à 25 lieues d'Agra, et il était le septième enfant de la sœur du roi *Kamsa*. Sa mère *Devagui* et son père *Vâsudeva*, par l'ordre de Kamsa, tuèrent tous leurs autres enfants, mais conservèrent secrètement la vie à Krchzna. — Kamsa, instruit de cette désobéissance, envoya chercher l'enfant pour le tuer ; mais le père et la mère s'enfuirent avec lui, passèrent un torrent et rencontrèrent le serpent *Caliga*, qui favorisa leur fuite et défendit avec son corps la tête de l'enfant contre la pluie et les rayons du soleil. Krchzna, devenu grand, terrassa tous les monstres que son oncle envoyait pour le tuer, donna la mort au serpent Caliga et à Kamsa, et continua par ses œuvres à prouver sa divinité. Il se maria et mena la vie pastorale, passant le temps à jouer de la flûte ou à voler du beurre aux bergères. Il vivait aussi avec 16,108 bergères, qu'il rendit toutes mères en une seule nuit. Il quitta la vie champêtre et la garde des troupeaux pour aller faire la guerre aux cousins des frères *Pandaves*. Il parvint à tuer ces dangereux ennemis ; mais ayant été maudit par *Durasa*, pénitent et son maître, il fut attaché contre un arbre par une flèche que lui décocha un nommé *Beren*, et mourut dans cet état.

Dixième incarnation. — Cette dernière n'est pas encore arrivée, mais aura lieu à la fin du monde. Wichnou alors prendra la forme du cheval *Caligui*. On représente ce cheval, blanc et vigoureux, portant des ailes, sellé, bridé et couvert d'une housse brillante. Il sera conduit par un roi qui marchera l'épée nue à la main. Dès que ce cheval aura touché la terre du pied qu'il tient levé, l'incarnation de Wichnou commencera, et aussi la punition des méchants et la destruction du genre humain; la terre émue tremblera sous la vengeance terrible du dieu; le serpent *Vasougui*, dont le corps enveloppe l'univers pour en soutenir toutes les parties et les empêcher de se séparer, abandonnera son poste, et la tortue qui soutient la terre se plongera dans l'eau et disparaîtra. Enfin le monde, bouleversé par le fer, l'eau et le feu, sera anéanti. Alors naîtront un nouvel âge, de nouveaux cieux, une nouvelle terre; voici la traduction d'un manuscrit indien à ce sujet : «La terre une fois détruite, *Ichzoudra* (la Divinité) se retirera successivement dans l'élément de l'air et dans le ciel pour les détruire l'un et l'autre; puis, tout étant anéanti, la Divinité seule demeurera. Celle-ci se renfermera dans un œuf appelé *Parabrâma*, et le temps pendant lequel le monde y sera renfermé pour renaître ensuite se nomme *Andesza-Motha*. Cet œuf diminuera encore de volume, au point de n'être plus gros que comme une perle, un grain de sable, un point imperceptible, et restera longtemps dans cet état sans s'altérer ou se corrompre. Après cela, il renaîtra peu à peu. Ichzouara fera sortir de son gosier le son *ghem* ou *ghuem*, et prenant des accroissements successifs, l'univers reviendra à la grosseur d'un œuf enveloppé de sept pellicules. Les éléments s'accroissant n'auront bientôt plus de place, et l'air se dilatant par l'action du feu, l'œuf crèvera et se partagera en deux parties inégales; la partie supérieure, qui sera aussi la plus grande, formera le ciel, et la partie inférieure formera la terre. Mais comme l'œuf avait sept pellicules lorsqu'il était entier, il se trouvera sept cieux et sept terres après la séparation.»

Observations sur les incarnations de Wichnou.

On doit toujours se rappeler que Wichnou représente l'instrument par lequel Dieu conserve le monde, ou en d'autres termes, qu'il n'est autre chose que Dieu conservateur. C'est dans ce sens que je vais essayer d'interpréter les transformations de Wichnou, et il ne sera pas inutile de faire remarquer leur analogie avec les faits de notre Ancien Testament.

Dans la première (Brahma dormait), la terre, le monde, ou plutôt le genre humain, déjà vieux, était dans une espèce de sommeil moral. Il avait presque oublié les traditions des premiers hommes; l'incrédulité avait poussé des racines profondes dans le cœur des peuples qui n'écoutaient plus que leurs passions. La voix de la conscience ne se faisait plus entendre, la justice était méconnue, la religion négligée et tournée en dérision, les lois foulées aux pieds, par conséquent les livres sacrés du *Védam* méprisés, oubliés, perdus. Le vice, le crime, l'impiété (*Irannya*) les avaient enlevées à la terre. Cependant un homme nommé *Manou* ou *Satyanta* (Noé) s'était préservé de la corruption générale, et était exposé aux persécutions des hommes vicieux qu'Irannya tenait sous son empire. Ce sage rappelait par sa conduite, son exemple et ses discours, le temps heureux où les préceptes du *Védam* étaient observés ; sa vie retraçait le *Védam*, et il était lui-même le livre vivant ouvert aux yeux des peuples qui pouvaient y lire leurs devoirs. Les trois fils de Manou, vertueux comme leur père, mais distingués chacun par une vertu particulière, peuvent représenter les trois livres du *Védam*.

Le sage Manou avait étudié la nature : le ciel, la terre, l'eau, avaient été l'objet de ses recherches philosophiques, et il avait prévu que dans peu viendrait une inondation ; alors il cherche les moyens de se soustraire lui et sa famille à ce désastre. La dévotion qu'il avait toujours eue pour Wichnou, dieu des eaux, c'est-à-dire l'étude qu'il avait faite de l'eau et de ses habitants, fut alors la cause de son salut. Sans doute il avait reconnu que le bois flotte sur l'eau tant que le poids dont on le charge est moindre que le poids du volume d'eau qu'il déplace, et il conçut l'idée d'une maison flottante. Le poisson et la tortue lui servirent de modèle. A la partie qui devait enfoncer dans l'eau, il donna la forme du poisson dont il remplaça les nageoires par des rames et la queue par un gouvernail. Enfin, l'écaille qui couvre le dos de la tortue lui apprit à couvrir son vaisseau de manière à le garantir intérieurement contre l'air ou la pluie. Voilà certes bien l'arche de Noé. Enfin, l'inondation arriva, les hommes furent engloutis dans les flots, et le sage Manou se sauva seul avec ses trois fils (Noé avec sa femme, trois fils et leurs familles), au moyen de son édifice flottant ou plutôt de Wichnou (l'eau), dont il avait si souvent fait le sujet de ses méditations, ou bien encore grâce au poisson et à la tortue qui lui avaient servi de modèle pour construire l'instrument de son salut. Ainsi, Manou et ses fils, ou les trois fils de Védam, furent retirés du fond de la mer, et le monde pervers fut puni de ses crimes.

Les deux premières incarnations de Wichnou doivent nécessairement être interprétées de cette manière, et l'on a pu remarquer la similitude frappante qui existe entre Noé et Manou. Dans les autres incarnations, on trouve moins aisément la ressemblance, mais l'interprétation est aussi facile. Wichnou, dans sa troisième transformation, soutient le monde sous la forme d'un porc ; c'est-à-dire que Manou, n'osant pas encore sortir de son navire après que les eaux se furent retirées, laissa aller le porc qui fouilla la terre avec son groin, et découvrit les racines des arbres et des plantes. Celles-ci, réchauffées par les rayons du soleil, reprirent une nouvelle vie, et la terre que le porc avait fouillée se couvrit bientôt de végétation. C'est ainsi que cet animal a pu soutenir le monde, ou plutôt la famille de Manou qui composait alors tout le genre humain, et qui serait morte de faim sans son secours.

Les incarnations quatrième et cinquième paraissent se rapporter à différents traits de l'histoire, que l'imagination des brames a embellis des couleurs de la mythologie en comparant à des demi-dieux ou à des dieux les grands hommes qui avaient fait des actions éclatantes ou rendu des services à l'humanité. L'Inde a souvent été opprimée par des rois cruels et injustes, et toujours il s'est trouvé pour la délivrer soit un guerrier courageux, soit même un brame. Il n'est donc pas étonnant que l'on ait regardé comme des dieux conservateurs ou comme autant de Wichnous incarnés les héros qui étaient venus délivrer les peuples de tel prince ou usurpateur représenté à son tour comme un démon ou un géant redoutable.

Je serais tenté de croire que la sixième incarnation de Wichnou n'est qu'une allégorie pour représenter quelque grand défrichement ou desséchement de marais. Les os entassés du géant et la charrue qui a causé sa défaite semblent l'indiquer.

Dans l'incarnation suivante, Wichnou représente bien certainement un héros, comme dans la quatrième et la cinquième ; mais la huitième doit être encore une allégorie. En faisant combattre Wichnou contre le dieu de la nuit, les Indiens ont voulu désigner l'action du soleil dont les rayons sont comme autant de flèches pénétrant dans les ténèbres qu'ils dissipent entièrement. Sida délivrée des prisons de Ravana est la lune qui entre dans son premier quartier et reparaît dans le ciel après avoir été quelques jours invisible. Les singes sont l'emblème des vents, qui semblent eux-mêmes aux ordres du soleil, parce qu'ils soufflent ordinairement plus fort le jour que la nuit et dissipent les nuages. L'île de Ceylan, placée hors du monde dans la carte géographique des brames, peut-être regardée comme le séjour du dieu des ténèbres, parce qu'il vient de ce côté beaucoup de nuages qui semblent vouloir ensevelir l'Inde dans l'obscurité de la nuit.

La neuvième incarnation de Wichnou est très-célèbre chez les Indiens, et l'on doit y voir d'abord un fait historique et ensuite une allégorie ingénieuse. Les historiens parlent beaucoup d'un roi nommé *Pandou* et de la guerre que se firent pour sa succession ses enfants procréés de différents lits, ainsi que du secours que reçurent les cinq *Pandaves* d'un habile général, nommé *Krchzna* (noir), à cause de la couleur de sa peau. On va même jusqu'à fixer l'époque de cette fameuse querelle à environ mille ans avant l'ère chrétienne. Mais quant au personnage de Krchzna, ôtez la guerre des Pandaves dans laquelle il joue un si grand rôle, ainsi que sa mort et sa naissance qui peuvent être des faits historiques, ses aventures sont purement allégoriques, et ont été inventées par les poëtes indiens pour peindre d'une manière vive et animée une éclipse de soleil. Ils ont feint que les éclipses de soleil étaient produites par l'ombre du serpent Caliga ou de quelque autre monstre qui se trouvait à son passage et se jetait sur lui pour le dévorer. Cette ombre est pour Krchzna un torrent qu'il faut traverser, et lorsqu'une fois il l'a franchi, il s'arme de ses flèches et met ses ennemis hors de combat ; c'est-à-dire que le soleil, ayant quitté l'ombre de la lune qui le cachait à la terre, lance ses rayons de toutes parts, dissipe l'obscurité, et reparaît dans tout son éclat. Au bout de quelques jours, la lune renvoie à la terre les rayons qu'elle reçoit du soleil, et paraît bientôt dans son plein, représentant la digne épouse du roi du ciel. La chaleur bienfaisante du soleil fait croître les herbes qui servent à la nourriture des troupeaux, et il en est aussi le berger et le gardien. Mais en même temps, le beurre, produit de ces troupeaux, ne peut résister à sa chaleur, et en le fondant, il semble le voler à ceux qui n'ont pas soin de le mettre à l'abri. Enfin, il communique sa lumière à toutes les planètes et à leurs satellites, et les féconde de son influence créatrice.

CHIVA.

Chiva, dieu du soleil et du feu, doit être considéré sous le caractère de créateur et de régénérateur, et sous celui de destructeur. Dans le premier cas, il est assis sur un bœuf, un rosaire à la main, et la tête terminée en forme de *lingam*, produit de son union avec son frère Wichnou, changé en femme, ou avec sa femme *Bhavâni*. De sa tête sort le Gange, comme de sa source; et les rayons du soleil (que le poëte *Pacunar* nomme *la semence de Chiva*) s'élancent de tous côtés pour produire les étoiles, les arbres, les fleurs, etc. etc.

Comme destructeur, le dieu Chiva est représenté avec tous les attributs de la terreur et de la colère. Il tient dans ses mains, prêtes à frapper, un trident, une épée, une massue ou une hache; des crânes lui servent de collier, de coiffure et de bracelets; des enfants qu'il vient d'égorger sont expirants à ses pieds. Il a au milieu du front un œil de fer qui anéantit tout ce qu'il fixe, et ses cheveux sont des serpents qui lancent un venin mortel.

PARVADI.

Parvadi ou *Bhavâni* est la lune, fille et épouse de Chiva, et a comme lui double attribution. Comme représentant la nature qui produit les choses terrestres par la vertu du soleil, elle est désignée sous les noms de *bonne déesse, créatrice, félicité universelle, déesse du Gange, reine des montagnes, sainte par excellence*. Comme auteur de la destruction, elle porte à la vérité les noms de *sainte* et prescrivant la vertu; mais elle prend aussi celui de *déesse noire, déesse qui fait verser les larmes*. On lui donne alors des yeux terribles, un visage noir, des dents longues et sortant de la bouche; les cheveux hérissés et entremêlés de serpents, avec des éléphants en guise de pendants d'oreille. Elle a tantôt huit et tantôt seize bras armés d'une épée, d'un trident, d'une roue de fer tranchante, d'un couteau, d'une massue, et de deux bassins pour recevoir le sang dont elle s'abreuve. Cette effroyable divinité est montée sur le cheval *Pichzachza*, et est issue de l'œil enflammé que Chiva porte au front. Le peuple la nomme *Amd, Mariatala, Dourga, Pagôli, Bhadrakâli*, et lui attribue les maladies vénériennes et les autres infirmités qu'elle lui envoie, dit-il, pour le punir. Les Indiens des basses castes croient qu'elle demande le sang humain : aussi ont-ils l'habitude de se précipiter, eux et leurs enfants, sous les roues de son char lorsqu'on la porte en triomphe aux processions.

Le nom de *Kali* (noire) indique qu'on a voulu désigner la lune éclipsée ou versant ses influences pestiférées; c'est du moins l'opinion des brames, et elle me paraît très-plausible.

Dieux secondaires et génies.

BOUDHA.

Boudha, que l'on nomme aussi *Dherma*, doit plutôt être considéré comme un génie que comme un dieu. Le vocabulaire *Samserdamique Amarasigha* lui donne beaucoup d'attributs, tels que : *vivifiant*, *connaissant tout*, *possédant les six sciences*, *bon et juste à tous égards*, *heureux*, *vainqueur du monde et de la concupiscence*, *roi bienfaisant et vertueux*, *véridique*, *contemplatif*, *instituteur des moines et des ermites*. On dit qu'il est sorti du flanc d'une vierge (comme le héros *Karmer* était sorti par l'oreille au moyen d'une oraison magique), parce qu'étant un esprit ou un génie, comme l'exprime le nom de *Boudha*, il est produit non d'une manière naturelle, mais par l'imagination, qui, dans la langue sacrée des brames, est exprimée par le mot *Maya*. Ce génie est représenté assis sur le lotus, les pieds croisés, et tenant des deux mains sur sa poitrine le *lingam*, qu'il regarde dans l'attitude d'un homme qui médite profondément. Quelques-uns le prennent pour Wichnou dans une de ses incarnations, d'autres pour un roi, un astronome ou un philosophe (1). Je me rangerais volontiers à l'opinion du Père Paulin, qui, considérant que Boudha a pour mère *Maya*, ne doute nullement qu'il ne soit le même que le *Bhout* des Égyptiens, le *Wod* ou *Oden* des peuples de la Scandinavie, le *Theut* des Germains et le *Fô* des Chinois. La différence qui se trouve entre tous ces mots n'empêche pas le Père Paulin de croire qu'ils viennent tous de la même source, parce que, dit-il, la prononciation d'un mot s'altère toujours en passant d'un peuple chez un autre qui parle une langue différente, et que d'ailleurs les alphabets n'étant pas les mêmes, il a fallu remplacer les lettres de la langue des brames par celles qui en approchaient le plus chez les autres peuples. Il cite à l'appui les Européens qui ont écrit sur l'Inde, et qui chacun dans leur idiôme ont estropié les noms d'une manière grossière et peu érudite.

GAENECHZA.

Gaenechza, Gaenavadi, divinité en grande réputation dans toute l'Inde. Ses deux noms signifient *seigneur* et *président des assemblées*. On le nomme encore *grand maître*, *vainqueur des obstacles*, *fils de deux mères*, *armé d'une dent*, *ayant un grand corps*, *un large ventre*, *une tête d'éléphant*. C'est le dieu des sciences, de la sagesse, du destin, du mariage, des nombres. On

___

(1) On a été jusqu'à dire, parmi certains missionnaires européens, que ce dieu était le Christ, ou au moins l'apôtre saint Thomas.

l'invoque contre les enchantements, les sorts, la fortune. Par son ordre le Destin adoucit ses arrêts, et les mauvais génies obéissent à sa voix ; il n'a point de femme et est le modèle de la chasteté. On le représente ordinairement avec quatre mains, une étole passée au cou, la tête ornée d'une belle chevelure et surmontée du croissant de la lune. Il a un serpent pour ceinture, et au milieu du front le symbole de la puissance divine, le *lingam* avec la marque *kouri*. Voici comment les auteurs indiens racontent son origine : *Parvadi* (la lune), voulant renaître, s'insinua dans le ventre d'une belle femme, épouse du roi *Dâsaprayâvadi* (sans doute quelque étoile). Échauffée par l'ardeur de son amour, elle fut se baigner dans un étang, et en essuyant la sueur qui lui coulait sur la poitrine, cette sueur s'anima sous sa main et produisit un fils qui fut nommé *Vinayaga*, seigneur ou prince. Chiva fut d'abord furieux de cette naissance à laquelle il n'avait point pris part, mais s'apaisa ensuite à cause de la manière miraculeuse dont elle s'etait opérée. Il arriva dans la suite que le roi *Dâsaprayâvadi* ayant invité les dieux à un festin, oublia Chiva ou le soleil. Celui-ci, furieux de nouveau, entre dans la salle où les dieux étaient réunis, saute sur la table, frappe la terre de sa chevelure et en fait sortir un géant, qui, furieux lui-même, frappe et blesse les dieux. La colère du géant augmente, et ne connaissant plus Chiva lui-même, il l'attaque et lui fait sauter les dents de la mâchoire, terrasse la lune, qu'il foule aux pieds, tue le roi *Dâsaprayâvadi*, et finit par couper la tête à *Gaenechza*, fils de *Parvadi*. Cette malheureuse mère, au désespoir de la mort de son fils, se jette aux pieds de son mari, et le conjure de le ressusciter. Chiva, attendri, coupe la tête d'un éléphant qu'il pose sur les épaules de Gaenechza, et parvient à lui rendre la vie.

On soupçonne que Gaenechza, dont les quatre faces, symboles de la prudence, de la circonspection, de la sagesse et de la force, ont assez d'analogie avec une tête d'éléphant, qui représente toutes ces qualités, a servi de modèle aux anciens.

Les cicatrices des blessures que le géant fit à la lune lui laissèrent sur le corps ces taches que nous apercevons, et comme depuis le même événement le soleil n'a plus de dents, les Indiens ont bien soin de ne lui offrir que des choses tendres et faciles à mâcher, telles que du riz bien cuit, du lait, du beurre et des fruits bien mûrs.

YAMA.

Yama, ministre de Chiva, juge les morts et a plusieurs génies ou démons à ses ordres. Il gouverne la partie sud du monde. Les peuples de Thibet ont pris ce Dieu chez les brames en changeant son nom en celui de *Seincequioquel*. Un tableau du jugement, qui se trouve dans le temple du grand Lama, représente ainsi Yama ou Seincequioquel : il tient de la main droite une fourche levée en l'air comme pour en frapper, et de la gauche un miroir dans lequel il regarde les bonnes et les mauvaises actions des âmes pour en faire son rapport à Chiva. Celui-ci est assis avec tous les attributs de vengeur et de rémunérateur, ce qui en fait la figure la plus

bizarre et la plus monstrueuse qu'on puisse imaginer. A droite de Chiva se
tient le génie Yama, dont le corps chargé d'embonpoint, le ventre énorme,
les cheveux hérissés, les yeux farouches, le visage sévère et grotesque à
la fois, annoncent le digne ministre d'un tel maître. A côté, mais plus bas,
est assis un autre génie qui soutient une balance indienne; dans l'un des
plateaux est couchée une âme, et dans l'autre est un poids semblable à
ceux dont on se sert dans l'Inde. A l'opposite, sont encore d'autres génies,
qui, par le moyen de pierres blanches et noires, marquent les bonnes et les
mauvaises œuvres des âmes, et vont porter au grand ministre le résultat de
leur opération (1). Au bas du tableau, on voit les supplices réservés aux
coupables. Les uns sont précipités dans des fleuves de feu, des brasiers ardents, des chaudières d'eau ou d'huile bouillante; les autres sont grillés,
enfourchés et empalés. Vers le milieu du tableau, on voit un grand cercle
coupé de haut en bas en deux parties égales, l'une obscure et l'autre éclairée,
et où les sectateurs de Wichnou doivent seuls recevoir leurs châtiments
et leurs récompenses. On y reconnaît facilement les attributs de Wichnou :
ce sont : le porc dont il prit la forme dans une de ses incarnations, l'oiseau
Garudha qui lui sert de monture, et le serpent Caliga qu'il mit à mort, ou
plutôt le serpent Sesseu ou Vâsougui sur lequel il se repose. Ce tableau, qui
est un des monuments les plus remarquables de l'Inde, renferme encore une
foule d'autres détails.

Les Indiens ne reconnaissent point de femme au dieu Yama. En qualité
de rémunérateur, il a pour monture un bœuf, et porte le nom de *Dher-
madeva*; et en qualité de vengeur, il est armé d'une fourche ou trident,
et réside dans l'enfer où il exerce la justice.

INDRA.

On le nomme encore, dans les livres brahminiques, *Souarggastriguel* ou
Apsara-Strigruel, et on le qualifie de *léger comme l'air, rapide comme le
vent, portant les nuages*. Ses attributs sont un foudre et un char dont le
cocher se nomme *Sarathi*. Il a beaucoup de génies et de nymphes à son
service. Il juge les procès et termine les différends des astres subalternes,
et quand ceux-ci commettent des fautes graves, il les chasse du firmament
et les oblige à se réfugier dans le corps d'un homme ou d'un animal; mais
il récompense ceux qui font leur devoir et leur verse le nectar appelé
amudam. Il est protecteur du Gange, et on l'accuse d'être lascif et débau-
ché. Voici une aventure que l'on raconte sur lui. Il prit un jour la forme
d'un coq pour séduire Ahalya, femme de Mouni ou Gandama (nom d'une
plante), pendant que celui-ci était allé se baigner dans le Gange et faire
ses prières. Gandama, de retour, prononça une malédiction sur Indra, qui
se vit au même instant le corps tout couvert de *lingam*. Il resta longtemps
dans cet état, et n'obtint qu'à force de prières que ces vilaines choses fus-

---

(1) Ces pierres noires et blanches s'emploient encore dans l'Inde pour les opérations
'arithmétique.

sent changées en autant d'yeux. C'est depuis ce temps qu'il porte mille yeux sur le corps.

INDRAMI.

Indrami, femme d'*Indra*. Peu d'auteurs en parlent, quoique cependant elle soit généralement reconnue. Elle partage les occupations de son mari. Je croirais assez qu'Indra et Indrami ont servi de modèles aux Grecs pour Jupiter et Junon.

CAMADEVA.

Camadeva n'est autre chose que le Cupidon des Grecs et des Romains. Le vocabulaire *Amarasigham* dit que ce dieu est lascif, pétulant, habile à tendre des piéges, opiniâtre, ardent, passionné. Né du cœur, il s'établit dans l'imagination et trouble le jugement; fils et père d'une amitié mutuelle, il préside à l'accouplement, se plaît au milieu des fleurs, et est tellement subtil, qu'une âme défendue par une enceinte de neuf murailles ne peut éviter ses atteintes. On le représente tantôt debout, tantôt assis, un arc orné de fleurs à la main; ses regards sont vifs et perçants, et il ne se laisse jamais bander les yeux. Il est né du signe du Capricorne.

SOUBRAMADENIA.

Les brames racontent ainsi la naissance de ce dieu : *Paramachzoua* (*Parvadi*) conçut sans l'intervention du soleil, son époux, et, craignant sa colère, elle chercha les moyens de se faire avorter : à cet effet, elle cracha avec beaucoup de force, et dans sa salive se trouva le germe d'où naquit un géant à six têtes et auquel on donna six étoiles pour nourrices. Devenu plus grand, Soubramadenia fut remis entre les mains de *Cartiga*, l'une des vingt-sept constellations que la lune, suivant les Indiens, parcourt dans son mois. Ce géant est le chef de la milice céleste et est monté sur le paon. On le nomme encore *Scanda* ou *Scander* (léger, voyageur), et ce nom pourrait être l'étymologie de *Scandinavie*, partie septentrionale de l'Europe. Il pourrait avoir été l'origine d'Hercule.

HANOUMAN.

Hanouman, fils du soleil et de la lune, dieu du vent et serviteur de Chrzi-Râma. On lui donne la forme d'un singe, animal qui, par son agilité, peut bien servir d'emblème au vent. Quelquefois il a la tête d'un singe et le reste du corps d'un homme; on lui ajoute alors des cornes, ce qui peut le faire confondre avec le dieu Pan, compagnon de Bacchus ou Chzri-Rama. On le place dans les temples de Wichnou.

POLLÉAR.

Polléar, fils de Chiva, est le dieu qui préside au Mariage; mais on l'invoque aussi dans toutes les circonstances de la vie où il s'agit d'entreprendre quelque chose. Les Hindous ont pour lui la plus grande vénération et placent son image devant leurs maisons et sur les routes; ils le représentent avec une tête d'éléphant et monté sur un rat.

SOUPRAMANIER.

Soupramanier, sorti de l'œil que Chiva porte au milieu du front. On le représente monté sur un paon, avec ses deux femmes à ses côtés, et on lui réserve toujours une place dans les temples consacrés à Chiva. On l'adore quelquefois sous le nom de *Manarsouamy*.

AGUINI.

Aguini, dieu du feu. On le représente monté sur un bélier et la tête entourée de flammes. Il préside à la partie sud-est de l'univers. Il a soin du feu, et doit, par le moyen de la fumée, faire passer aux dieux les offrandes qu'on leur fait dans le sacrifice nommé *gomam*. On l'adore comme représentant Chiva, et les Hindous entretiennent avec le plus grand soin sur la montagne de *Tirounamaley* un feu consacré à ce dieu. Si le feu vient à s'éteindre par une cause quelconque, c'est un présage de calamité publique, et le peuple est dans la consternation.

SOUAVI.

Souavi est la femme d'Aguini; elle a pour père *Takin*, sorti du gros orteil du pied droit de Brahma.

VAROUNA.

Varouna prend soin de la mer, des lacs, des fleuves et de toutes les eaux en général.

VAYOU.

Vayou, ou *Maroul*, qui veut dire *l'air*, réside dans tous les corps pour les animer et les conserver jusqu'au jugement de Chiva. Il gouverne la partie nord-ouest du monde et est représenté monté sur une gazelle.

VICHOUA ET KARMA.

Vichoua et *Karma* président aux arts mécaniques et sont les dieux tutélaires des édifices, des temples et de tous les grands monuments de l'Inde, qui ont été autrefois bâtis en une nuit par ces deux puissants architectes.

ACHOUINI ET KOUMARAN.

Achouini et *Koumaran*, tous deux frères, sont les dieux de la médecine.

AADITYA.

Aaditya, ou *Sourienne*, a le département du soleil. Son char est conduit par le génie *Arounen*, qu'on représente toujours boiteux.

NICHAGARA.

Nichagara, ou la lune; elle a la mission d'éclairer le monde pendant l'absence du soleil.

GUINERERS.

Les *Guinerers* et les *Guimbourouders* sont les dieux de la musique. Les premiers président aux instruments et les seconds aux chants.

MOUDEVI.

Moudevi, déesse de la discorde et de la misère. On la représente montée sur un âne et portant une bannière sur laquelle est un corbeau : ces deux animaux lui sont attribués comme étant infâmes.

MARIATALE.

Cette déesse est la mère de *Varassourama* (Wichnou dans la sixième incarnation) et la femme du pénitent *Chamadaguini*. Un jour qu'elle était allée puiser de l'eau, elle conçut une violente passion pour un génie qui se baignait dans l'étang, et de ce moment il lui fut impossible de rapporter l'eau en boule, comme elle en avait la coutume, et elle fut obligée de la placer dans un vase. Le pénitent Chamadaguini, voyant que sa femme avait perdu sa pureté, se mit dans une grande colère et la conduisit au lieu des supplices, où il lui trancha la tête. Son fils Varassourama s'en affligea beaucoup et obtint de son père la permission d'aller rejoindre la tête au corps de sa mère; mais il se trompa de corps et la tête de Mariatale fut rajustée au corps d'une paria suppliciée, ce qui fit de cette déesse un assemblage de vices et de vertus. Elle commit toutes sortes de crimes et d'infamies, et répandit la petite vérole, qu'elle a le pouvoir de guérir.

On conçoit facilement que cette déesse est en grande vénération chez les parias, puisqu'elle sort de leur caste : aussi plusieurs se dévouent-ils spécialement à son culte. On lui sacrifie des boucs et on lui a consacré l'arbre *margosier*, dont on met toujours des branches dans le lit du malade attaqué de la petite vérole. On place quelquefois la tête de Mariatale dans le temple, tandis que son corps reste en dehors comme impur. Après sa chute, elle eut un autre fils nommé *Catavarayen*, avec lequel elle partage les adorations des parias.

Démons et génies.

Les Indiens aiment à mettre chaque lieu, chaque endroit sous la protection d'un génie bon ou mauvais, et ne laissent jamais échapper l'occasion de lui rendre hommage. Il y a une quantité immense de génies ou démons, mais on peut les diviser en quatre sortes bien distinctes :

1° Les *Titans* ou *Assourer*, qui reconnaissent pour chef *Izoulra* ou la planète *Vénus*. Ils tiennent leur influence du mauvais principe et peuvent être considérés comme les génies du mal.

2° Les *Devaguel*, ou bons génies, sont présidés par *Brahaspadi* ou la planète *Jupiter*. On se rappelle leur querelle avec les Titans au sujet de l'ambroisie céleste, et le secours qu'ils reçurent de Wichnou.

3° Les *Gouyaga*, gardiens des cavernes, des fleuves, des lacs et des fontaines. Ils sont soumis à *Varouna*.

4° Les *Larves*, qui rôdent et apparaissent la nuit et que les Malabars redoutent beaucoup et appellent *Coutliquiatlem*.

On pourrait faire une cinquième classe des agents du dieu vengeur Chiva.

Le peuple a une crainte très-grande de tous ces génies ou démons, et leur adresse des prières et des offrandes. On leur élève souvent un autel dans le coin d'un jardin et on le consacre avec beaucoup de solennité afin d'y attacher le lutin et de l'empêcher de courir çà et là pour exercer sa malice. Lorsqu'un démon malfaisant a pris possession d'une personne, d'une maison ou d'un jardin, la famille et ses amis s'assemblent et on le renferme au moyen d'une plante qu'on brûle; puis on le somme de disparaître pour huit ans, et l'on se hâte pour le faire déguerpir de lui faire un charivari de cris, de hurlements, de tambours, de cloches, etc. etc. Lorsqu'on en veut à un homme, on place dans son jardin ou sa maison des pierres auxquelles on attache, par des oraisons magiques, un démon qui doit nuire aux habitants de la maison,

Animaux sacrés.

Comme tous les peuples anciens qui ont conservé leur religion primitive, les Indiens regardent certains animaux comme sacrés, et punissent des peines les plus graves ceux qui manquent au respect qu'on leur doit. Cette superstition, commune à tant de peuples, doit être considérée comme engendrée par le respect qui s'attache à tout être utile, et c'est ainsi que le bœuf a toujours été fêté et solennisé dans l'Inde, en Égypte, en Grèce, etc. etc. Enfin, le bœuf que nous promenons avec pompe dans les réjouissances du carnaval n'a-t-il pas aussi la même origine? Les Indiens ont une foule d'animaux sacrés, mais je ne parlerai ici que de ceux qui sont reconnus pour tels par toutes les sectes.

1° Le *bœuf*, monture du dieu *Chiva*. On le représente souvent avec le disque solaire entre les cornes, ou poussant de l'une d'elles un œuf posé devant lui. Il est l'emblème de la matière terrestre et en même temps de la conservation du monde. L'œuf, comme on l'a déja vu, représente dans sa forme le germe du monde, et le bœuf le faisant rouler montre évidemment qu'il en est le moteur par la nourriture que son travail procure à l'homme.

2° La *vache* partage avec le bœuf les prérogatives de la sainteté, et représente quelquefois même la déesse *Bhavani* ou *Lalkchemi*, dont elle n'est le plus souvent que la monture. On croit que cet animal a été volé au ciel qu'Indra gouverne, et qu'il doit y retourner; aussi voit-on des Indiens à l'article de la mort saisir avec transport la queue d'une vache, persuadés qu'ils seront ainsi transportés dans le ciel, ou qu'au moins leur âme passera dans le corps d'une vache. On ne manque jamais à un serment fait en tirant la queue de cet animal, dont les cornes représentent celles de la lune, et sur la langue et les lèvres de laquelle la déesse *Lalkchemi* a fixé sa résidence. On ne peut être initié sans avoir pris auparavant un breuvage que l'on nomme *divin*, composé d'urine, de fiente, de lait doux, de lait aigre et de beurre de vache. Les infracteurs à la loi de leur caste, dont la faute entraîne déchéance, sont obligés de boire ce breuvage pour rentrer dans leurs droits.

Il serait ridicule de croire, en voyant l'hommage rendu dans l'Inde au bœuf et à la vache, que les brames leur aient jamais supposé quelque divin caractère; mais ils engagèrent un peuple obéissant et crédule à honorer ces animaux nourriciers, parce que les bestiaux étaient si rares dans l'Inde qu'ils n'auraient pu alimenter les habitants de leur chair sans laisser les campagnes incultes. Il fut donc nécessaire d'assurer leur propagation en défendant de les mettre à mort. La religion vint comme dans tous les temps et les pays concourir au bien général, et l'Indien, éclairé, épargne seulement l'animal qui l'aide à cultiver la terre, sans le croire autrement digne de sa vénération.

En 1785, cinq hommes, dont tout le crime était d'avoir tué une vache, furent mis à mort par le roi de Travancor, *Ramavarmer*, et pendus à un arbre hors de la ville. Plus tard, l'évêque de Limir, vicaire apostolique de la côte Malabar, connaissant le respect des Indiens pour les vaches, et afin de ne pas attirer les persécutions sur son Église, proclama dans son diocèse que le meurtre volontaire d'une vache était un péché mortel dont il se réservait seul l'absolution. Cet acte de sagesse lui fit beaucoup d'honneur, et la plus parfaite intelligence régna entre les chrétiens et les brames.

3° *L'éléphant* est l'emblème de la force et de la sagesse. Les Indiens ont pour lui beaucoup de considération et lui accordent le don de la prescience. Ils croient aussi que le monde est soutenu par huit éléphants, et que les tremblements de terre sont produits par les mouvements de ces animaux lorsqu'ils veulent changer de position.

4° Le *singe chevelu*, noir et portant une longue barbe. Il représente *Hanouman*, compagnon de *Chîri-Rama*, ou bien encore le vent. On en élève chez les rois, où ils sont très-honorés.

5° Le *porc*, parce que *Wichnou* en a pris la forme dans une de ses incarnations.

6° Le *cygne* est la monture de *Brahma*. Il est à remarquer que cet oiseau cherche toujours l'eau la plus pure pour boire, et c'est sans doute ce qui l'a fait regarder comme le symbole de l'eau et de l'atmosphère.

7° *L'aigle*, ou plutôt une espèce d'épervier ou milan rouge à col blanc, qu'on nomme communément *miote* ou *milan brame*. Il est consacré à Wichnou.

8° Les *corbeaux*, qui représentent les âmes des morts. On leur jette du riz cuit pour les nourrir.

9° Le *serpent*, qui est le symbole de la vie et de la mort: de l'une, parce qu'il vit encore longtemps après qu'on lui a coupé la tête; de l'autre, parce que son venin est mortel. On dit généralement, chez les Indiens, que le serpent *Rahou* (noir) cause les éclipses de soleil, et le serpent *Quédu* (rouge) ce" de lune. Ils livrent dans ce cas combat aux astres et sont vainque toutes les fois qu'il y a éclipse. Les Malabars ont beaucoup de vénération pour le serpent *Nallapamba*, dont le nom signifie *bons et beaux*, quoiqu'ils soient très-venimeux. On leur offre du lait, et on leur fait des demeures au pied des arbres en élevant des monceaux de pierres entre lesquels ils se retirent.

Il y a encore un serpent nommé *Adissékem*, qui est consacré à Wichnou, et sur lequel on le représente souvent assis.

10° Le *poisson*, parce que Wichnou a pris sa forme ou du moins celle d'une tortue.

11° Les *scarabées*, dont les cornes sont recourbées et les ailes luisantes. On dit que leurs ailes éclairent les planètes et les philosophes contemplateurs.

Signes sacrés et divins.

Les Hindous placent ordinairement en tête de leurs livres, et même de leurs écrits privés ou publics, des signes représentant une trompe d'éléphant. C'est une invocation qu'il adressent à *Gaenechza*, dieu de la science et de la sagesse.

Quant aux signes qu'ils se peignent sur le corps, on en compte une multitude, mais ceux par excellence qui surpassent tous les autres en sainteté sont le *lingam* et l'*yoni*; ils les peignent avec une matière composée de *talarsi* et de fiente de vache sèche et délayée dans l'eau, qu'ils colorent différemment suivant leur dévotion à telle ou telle divinité, et la secte à laquelle ils appartiennent. D'autres fois c'est la figure d'un cône, d'un pentagone, d'un œil, ou d'une conque marine, tracée sur le front, la poitrine et les bras; et enfin deux signes, le premier, formé de trois lignes horizontales, en l'honneur de Chiva; et le second, formant un cercle surmonté de trois traits rayonnants, en l'honneur de Wichnou.

Ils se croiraient damnés, ou au moins destinés à passer dans le corps d'un animal immonde et malheureux, s'ils venaient à mourir sans être armés de l'un de ces signes sacrés. *Ichouara*, disent-ils, ne les reconnaîtrait pas et ils encourraient son indignation et sa vengeance.

Sectes religieuses et philosophiques.

Les brames, quoique unis dans leur religion, sont divisés en un grand nombre de sectes qui diffèrent entre elles sur la philosophie et même la mythologie. On compte six sectes principales, les autres n'étant que des dérivations de celles-ci : la secte des *wichnoutistes*, celle des *chivanites*, des *contemplatifs*, des *athées*, des *naturalistes* et des *déistes*.

1° Les wichnoutistes ou wichnouvites (*wichnoubhacter*) rendent un culte particulier au dieu Wichnou, comme principe du monde. Ils sont subdivisés en *maddâva* ou *talouavddi* et en *rdmandyaguer*. Les premiers, dont l'instituteur était *Maddâva*, et dont l'autre nom signifie *véridique*, adorent la vérité, ou l'Être vrai et suprême, sous l'emblème de Wichnou. Les *rdmandyaguer*, qui prennent ce nom de leur fondateur, croient que Wichnou est mâle et femelle, ou hermaphrodite, et ils attribuent à ce seul et même principe la puissance active et passive. Ils admettent les peines et les récompenses après la mort et vivent dans le célibat. Les signes qu'ils portent sur le front, et principalement l'*yoni* comme emblème du feu et de l'eau, de la chaleur et de l'humidité, les distinguent des autres sectes. La couleur jaune empreinte sur leur front, leurs bras et leur poitrine, les fait encore mieux remarquer.

2° Les chivanites (*isivabhacier*) adorent, comme principe des êtres créés, le soleil ou le feu sous le nom de *Chiva*. Ils attribuent au feu la formation du monde et de toutes choses, la puissance créatrice, conservatrice et destructive. Ils ne nient pas la divinité de Wichnou comme représentant l'*eau*, mais ils prétendent que toutes les vertus de l'eau se trouvent dans le soleil même. Les emblèmes de leur culte sont le cône, l'obélisque, le *lingam*, l'*yoni*, le triangle, le croissant, et le disque du soleil; le plus sacré de tous est l'image de l'œil étincelant que Chiva porte au milieu du front, et qu'ils se peignent eux-mêmes sur le front ou la poitrine.

3° Les méditatifs (*smarta*, qui veut dire *homme absorbé dans la méditation*) reconnaissent pour leur instituteur le grand maître *Quiandra*, et soutiennent que Wichnou et Chiva ne sont qu'une seule et même divinité, et que les deux pouvoirs créateur et destructeur se trouvent dans un seul être qui est Dieu, ou *Parabrama*. Ces deux pouvoirs sont inséparables, et l'esprit et la pensée seuls peuvent les distinguer et les séparer.

4° Les athées (*vajzaridha*) nient les attributs de Parabrama et font profession de ne rien croire.

5° Les naturalistes (*izactibhacier*) disent que la nature, ou la puissance par laquelle Dieu a tout fait, est elle-même la divinité suprême et la cause efficiente de la terre, de l'eau et du feu, ou, en personnifiant ces éléments, de Brahma, Wichnou et Chiva; que la nature enfin est la mère et l'épouse de ces dieux. Ils la représentent sous la forme du triangle, de l'*yoni*, du lotos et de la lune, et lui attribuent la création et la destruction des formes sous lesquelles ils la dépeignent.

6° Les déistes (*sanvanggua*) prétendent être au-dessus des autres sectes, et refusent de s'attacher à aucune. Ils admettent un être suprême, mais veulent que le monde ait été fait par le hasard, qu'il ne soit gouverné par aucune providence spéciale, et qu'enfin s'il subsiste et tourne, ce soit d'après la première impulsion qu'il a reçue.

On voit que chaque secte des brames a sa manière d'expliquer l'origine des choses, mais cette diversité d'opinion coïncide parfaitement avec celle des anciens Grecs, dont la religion paraît copiée en grande partie sur celle de l'Inde. Ainsi, le principe et la fin des choses est l'eau, selon Thalès; l'air, selon Anaximènes; les nombres ou les éléments, selon Pythagore, qui avait étudié à l'école des brames; le feu, selon Héraclite et Hipparque, de Métaponte; ou enfin, selon Empédocle, le feu, l'eau, la terre et l'air, avec les deux principes : l'*union* et la *discorde*.

Des âmes et de la métempsycose.

Les Hindous regardent généralement l'âme comme une partie, une émanation de la divinité, qui a perdu son immortalité par le fait de son union avec un corps matériel. Mais cette mort de l'âme ne doit arriver qu'à la consommation des siècles, et elle doit jusque-là éprouver de nombreuses vicissitudes. Liée à la matière, elle doit expier les fautes qu'elle lui a fait commettre, et ne quitter un corps que pour entrer dans un autre d'un ordre inférieur, souvent même d'un animal immonde, lorsque ses crimes lui auront mérité cette punition. Elle animera ainsi successivement une grande quantité de corps, et finira par s'épuiser sans espoir de jouir jamais des félicités célestes, à moins qu'un grand repentir ne la fasse rentrer en grâce et ne lui obtienne la faveur bien rare de retourner dans le corps d'un homme. Parvenue à ce degré de bonheur, elle erre de nouveau jusqu'à ce que, purifiée des souillures de la terre, elle se soit sanctifiée et rendue digne de la participation aux joies célestes.

C'est bien certainement au dogme de la métempsycose que l'on doit attribuer l'horreur du sang si recommandée par la religion Indienne. On s'accorde à dire que Wichnou en est l'auteur.

On reconnaît que l'homme a deux âmes, l'une sensitive, nommée *Pranmen*, qui est commune à tous les animaux et qui périt avec le corps ; l'autre, l'âme raisonnable, nommée *Gukven*, qui survit au corps et subit les transmigrations pour expier ses fautes, et participer ensuite à la béatitude céleste.

Vertus.

On compte deux espèces de vertus, ou plutôt actions méritoires, qui doivent procurer à l'âme le bonheur qui l'attend au sortir de son enveloppe terrestre ; on les nomme *Pravarty* et *Niwarty*. Les vertus de la première classe consistent à remplir les devoirs naturels de la religion, tels que bâtir des temples ou des pagodes, faire des cérémonies religieuses, respecter les brames, s'abstenir de nourriture défendue et de femmes prostituées, pratiquer la charité, s'interdire la concupiscence, le mensonge, le faux témoignage, l'avarice, faire régulièrement ses ablutions, etc. etc. Les vertus de la seconde classe appartiennent à un ordre d'idées plus élevé et sont encore plus méritoires ; on pourrait les appeler *celles de l'âme*. Elles consistent dans l'abnégation de soi-même au profit de l'humanité, l'abandon des biens de ce monde, la sagesse, la contemplation, la philosophie, la victoire remportée sur les sens, et la méditation continuelle des hautes pensées qui détachent l'âme de la terre pour la rapprocher des régions célestes.

Ceux qui pratiqueront toutes ces vertus ne seront plus sujets aux migrations, et leur âme ira s'unir à Parabrama, l'Être suprême.

Péchés.

Les péchés sont divisés en trois espèces : péchés légers, péchés commis moitié par malice et moitié par faiblesse et ignorance, et péchés d'une malice consommée, ou crimes.

Les fautes de la première catégorie sont très-nombreuses ; elles se composent des petites infractions journalières que l'on commet envers la loi brahminique, telles que manquer à une ablution, avoir un désir charnel pour une femme, s'impatienter, etc. etc.

La différence qui existe entre les deux autres catégories provient seule-

ment du degré de malice qui les a fait commettre. Ainsi l'homme qui a
commis une faute où la faiblesse et l'ignorance sont pour quelque chose est
moins coupable que celui qui a commis la même faute par méchanceté. Ces
péchés sont : la cruauté, les exactions violentes, la tyrannie; l'apostasie
contre sa loi ou sa caste; la fausse monnaie; la destruction des temples, des
lieux sacrés, des fontaines publiques, des chauderies; la persécution des
solitaires et des philosophes, ou la destruction de leurs habitations; la re-
tenue du salaire des ouvriers; l'usage du vin ou de l'arack; l'usure; l'adultère; le manque de respect à son maître, etc. etc. Mais aucun crime ne
surpasse celui de tuer son père, sa mère, un brame ou une vache.

Quelques-uns de ces crimes peuvent s'expier sur la terre, quoique diffi-
cilement; mais il n'y a point de pardon pour la plupart quand ils ont été
commis avec intention et discernement. Quant à ceux qui peuvent s'expier,
rien n'engagerait les brames à se relâcher sur la pénitence prescrite par la
loi, pas même la position du coupable. En voici un exemple: Le roi de Travancor, dans la guerre qu'il fit, en 1760, à quelques rois de la côte Malabar,
avait détruit des établissements publics et religieux. Dès ce moment les
brames rompirent tout commerce avec lui, et refusèrent de l'admettre aux
cérémonies religieuses auxquelles la royauté lui donnait droit d'assister. Le
roi, pour expier son crime et recouvrer ses droits, fut obligé de faire un
grand nombre de sacrifices et de se purifier en passant dans le ventre
d'une vache d'or, conservée depuis comme un monument de la pénitence
du souverain. On la voyait encore, il y a quelques années, à la forteresse
de Parmarabaram, dans la chambre du trésor royal. Telle est la véritable
origine de la vache d'or du roi de Travancor. Quelques auteurs ont dit que
le roi avait passé dans le ventre de la vache d'or pour devenir noble et
pouvoir communiquer avec les brames; mais cette assertion est complé-
tement fausse. Râma-Varmer était noble de naissance puisqu'il appartenait
à la caste des kebetriers et à l'illustre famille royale des princes de Râgnia-
callamangalam et de Colastrie.

Ainsi les fautes qui auront encouru la vengeance des hommes devront
encore subir une punition après la mort, et cette punition subie, l'âme
retournera dans un autre corps pour y recommencer une nouvelle vie.

Prières.

Pour prier, les Indiens se tournent vers l'orient ou vers le septentrion,
mais jamais du côté de l'occident ou du midi : vers l'orient, parce que c'est
là que le soleil se lève pour apporter la lumière aux hommes et la fertilité
à la terre; et vers le septentrion, parce que sur ce point se trouvent les
lieux saints, tels que le mont Mérou, la ville d'Ayodya, patrie de Wichnou incarné en Râma, au 26e degré de latitude septentrionale; Kari au
Bengale, Maduré, près d'Ayra, Tanguipourou, le temple de Jagernak, les
sources du Gange et de l'Indus, etc. etc.

Les Hindous comprennent peu la prière, et font presque entièrement con-
sister la religion dans le culte extérieur et dans les pratiques religieuses.

Leur prière la plus commune consiste ordinairement en un mot qui change selon chaque individu, et qu'il répète un grand nombre de fois en l'honneur de la divinité à laquelle il s'adresse, et en faisant ses ablutions. Ce mot a été enseigné au dévot par le brame qui l'a initié, et jamais il ne doit le révéler, sous peine des châtiments les plus sévères.

Ablutions.

Pour faire leurs ablutions, les Hindous descendent dans l'étang ou dans le fleuve, se tournent vers le soleil, prennent de l'eau dans le creux de la main droite, et en jettent à trois reprises vers trois endroits de l'horizon; puis ils s'en versent trois fois dans la bouche sans se toucher les lèvres ou le visage avec la main. Ces préparatifs terminés, ils se lavent le corps en récitant les noms de Chiva et de Wichnou. Ces ablutions effacent les fautes de peu d'importance et sont plus efficaces lorsqu'elles sont faites ' : les eaux du Gange. Heureux celui qui à sa dernière heure peut se faire porter ou se traîner au bord du fleuve! favorisé des dieux, il est soulevé et entraîné par les eaux sacrées, livre, en expirant, son âme à quelque poisson, et fait servir son corps à la nourriture des crocodiles. Souvent, lorsqu'un homme meurt trop loin du fleuve pour y être transporté, ses parents brûlent le corps et recueillent les cendres ou les os épargnés par le feu, afin de les jeter dans le Gange au premier voyage qu'ils feront.

On croit généralement que le Gange est sorti de la tête de Brahma, et telle est la raison qui, aux yeux du peuple, le met en si grande vénération; mais les brames et tous les hommes instruits reconnaissent la véritable cause de cette faveur dans les services que rend le fleuve en fécondant de ses eaux et de son limon les terres qui seraient brûlées par le soleil et resteraient incultes. Dans tous les pays chauds, d'ailleurs, les bains et les ablutions sont ordonnés par les législateurs; et ceux-ci, zélés conservateurs de l'humanité, ont dû tromper le peuple pour son bien, en lui prescrivant comme devoirs religieux des pratiques qui n'étaient qu'hygiéniques et que dans son ignorance il n'aurait pas remplies sans cela.

Les ablutions que les brames sont obligés de faire tous les matins sont regardées comme une œuvre sainte et méritoire. Cette cérémonie prend le nom de *Sandhvané*.

Jeûnes.

Le jeûne, chez les Hindous, consiste à ne manger qu'après le coucher du soleil, à lire pendant toute la journée des livres de piété, à méditer, faire des sacrifices et des ablutions, et réciter le *Roudrakjzam*, rosaire de cent huit grains. Le soir, après toutes leurs dévotions faites, ils prennent leur repas, dans lequel il ne peut entrer que de l'eau, du riz, des fruits, des herbes, des racines et des légumes, assaisonnés seulement avec un peu de beurre ou d'huile.

Les principaux jeûnes sont : 1° le jeûne nommé *Masombardsan*, que l'on observe une fois par mois pour l'expiation des fautes;

2° Le jeûne *Égadzi*, qui arrive le onzième jour après la nouvelle lune. Personne ne peut s'en dispenser, et pour le garder plus strictement les dévots s'abstiennent même de bétel;

3° Le célèbre jeûne brahminique, qui dure tout le mois de décembre, en mémoire de la victoire des Pandaves, gagnée par l'entremise de Wichnou, métamorphosé en Krichna. Pendant tout ce mois, les brames doivent faire leurs ablutions avant l'aurore et passer toute la journée en prières et en méditations. Ils offrent à Wichnou des sacrifices composés de fleurs, de graines de genièvre, de sucre, de riz et de fruits. La nuit venue, ils mangent ce qu'ils ont offert au Dieu.

Les chivanistes, ou adorateurs du *lingam*, dont la caste est au-dessous des brames, ont un jeûne particulier tous les neuf jours à compter du premier de chaque mois. Ils ne peuvent boire ou manger qu'après avoir vu les étoiles briller au firmament, à moins que le ciel ne soit couvert de nuages.

Les samanéens ont aussi des jeûnes particuliers très-rigoureux, car il leur est défendu d'approcher leurs lèvres d'aucune liqueur enivrante, de toucher à la viande et à tout ce qui a eu vie, de tuer aucun animal, et même de manger certaines herbes.

Les femmes observent un jeûne nommé *Tirouvadiram*, le 27 janvier, en l'honneur de Kâmadavâ (Cupidon). Pendant ce jour elles pleurent la mort de ce dieu, que Chiva, jaloux des relations qu'il avait avec sa femme, pulvérisa au moyen de l'œil vengeur qu'il porte sur le front. Elles se réjouissent ensuite de son retour à la vie, que Chiva lui accorda à la prière de son épouse.

On peut dire qu'il y a deux espèces de jeûne. Le premier, ou petit jeûne, se nomme *Ourchendi*, et permet de manger une fois après le coucher du soleil; le second jeûne, nommé *Obarassou*, ne permet pas de manger d'un lever à l'autre du soleil.

Expiation par le feu.

Les Hindous, qui attribuent au feu la puissance de purifier par son action physique, l'étendent jusque sur les actions des hommes, et en font ainsi un agent qui a les deux propriétés de purification et d'expiation. Aussi dans les cérémonies on voit des pénitents marcher pieds nus sur des charbons ardents l'espace de plusieurs toises, en parcourant les rues et faisant le tour de la pagode un vase de feu sur la tête. Quelques philosophes ne se croient dignes d'admiration que quand, sains de corps et d'esprit, ils purifient par le moyen du feu ce qui est corruptible dans leur être, et font ainsi de leur vivant la séparation de leur âme d'avec leur corps. Ils n'attendent pas que la mort vienne à pas lents terminer leurs jours, et font élever un bûcher sur lequel ils montent en présence de leurs parents et amis, et se brûlent pour se rendre dignes par cette purification d'entrer au paradis de Chiva. Cette coutume remonte à la plus haute antiquité, et les auteurs anciens en font mention comme étant fort répandue dans l'Indoustan. Calamus, philosophe indien, qu'Alexandre le Grand avait fait arracher de sa retraite pour l'attacher à sa cour, donna ce spectacle à la Grèce étonnée, au moment où le monarque se flattait de l'avoir fait renoncer à sa religion. Avant de se brûler, il lui écrivit la lettre suivante : « Calanus à « Alexandre : Tes amis te conseillent de faire prendre les philosophes indiens « et d'employer les violences contre eux. Insensés ! qui ne nous connaissent « pas et n'ont pas de nos sentiments l'idée même qui nous reste des objets « vus en songe. Tu transporteras des corps d'un lieu à un autre, mais avant « de forcer leur volonté à des actes qu'ils repoussent tu auras fait parler les « pierres et les arbres. Le feu fait sentir aux corps vivants les plus cuisantes « douleurs et les réduit en cendres ; hé bien ! ce feu, nous méprisons ses ar-« deurs et nous nous brûlons vivants. » Il tint sa parole et se précipita dans les flammes.

Un autre philosophe indien, qu'un prince de sa nation avait député vers Auguste, empereur romain, ennuyé de la longueur et des fatigues du chemin, se brûla aussi à Athènes. On mit sur le tombeau qui renfermait ses cendres cette inscription : « Ici repose Larmaochagas, Indien de « Bargosa, qui s'est rendu immortel selon la coutume de sa patrie. »

Pèlerinages.

Les endroits que visitent ordinairement les pèlerins pour obtenir la rémission de leurs fautes sont le Gange, l'Indus, le Caveri, les temples de Kajzi, Ramyzouaram, Râmanâthampouram et Illoure ; le lac de Nigal, l'île Salcette, les montagnes de Narasingha et du Thibet, et même le temple du grand Lama, dont la religion est calquée sur celle des Hindous. Arrivés au lieu de leur pèlerinage, ils font leurs ablutions et se peignent sur le front les signes sacrés nommés *Bhasmam, Tirouranam* et *Couri* ; après quoi ils vont se prosterner devant les idoles, offrir des sacrifices et confesser leurs péchés. Ils reprennent ensuite le chemin de leur pays, emportant avec eux de l'eau ou de la terre bénites.

Homam, ou Sacrifice du feu.

Les livres sacrés *Amarasigha* et *Sambhavam* appellent *sacrifice par excellence* ou *divin* le sacrifice du feu (*Homam Devayagna*). En effet, on n'entreprend jamais rien d'important sans s'y être disposé par ce sacrifice. La première fois qu'un enfant va à l'école ; lorsque ses parents lui cherchent une épouse ; lorsque la fiancée reçoit l'anneau ou passe dans la maison de son nouvel époux, un sacrifice au feu.

Ce sacrifice se célèbre avec beaucoup de solennité dans la dédicace ou la purification d'un temple et dans les fêtes publiques ; mais je donnerai seulement la manière dont il se fait par les particuliers dans l'intérieur de leurs maisons.

Dans ces occasions, qui réclament peu de solennité, un seul brame suffit, mais il doit s'être purifié par les ablutions et porter un habit blanc. Assis sur un petit escabeau nommé *pedam*, il commence à réciter des vers sacrés appelés *Slogam*. Devant lui sont une clochette, une bougie allumée, une lampe oblongue, et un vase plein de beurre fondu ou au moins d'huile de coco; à ses côtés sont étendues par terre de grandes feuilles de bananier sur lesquelles reposent à l'entour du foyer sacré les différentes matières propres à alimenter l'holocauste. Ce sont du bois de camphre et de sandal, de la myrrhe, des graines de genièvre, une canne à sucre, des dattes, du blé d'Inde, du basilic, du riz; et enfin de la moelle, de l'écorce, des fleurs et des feuilles des arbres nommés *pâla* et *rêpa* (1). Lorsque les matières sont mises et rangées dans le foyer ou la fosse quadrangulaire, le brame y met le feu avec la lampe, en avertissant au son de la clochette que le feu est allumé, puis il verse le beurre ou l'huile pour l'alimenter. Alors le sacrificateur s'empresse de jeter dans le feu tous les objets qu'on lui offre, tels que comestibles, fleurs, colliers, bagues, etc. etc., et récite, les prières secrètes nommées *Mandram*, composées en vers qui commencent presque tous par *homa*, et finissent par *Om*. Lorsque le feu est éteint, le sacrifice est terminé, et le brame se retire aux acclamations de tous les assistants.

Les prières prononcées pendant le sacrifice diffèrent selon le but qu'on se propose; ainsi en voici une dont les vers commencent par *Om* et finissent par *Sanahd*, et que l'on adresse à Wichnou pour qu'il donne du lait à une femme qui ne peut allaiter son enfant: « Om, veuillez faire revenir le lait, « ô dieu pasteur Sanabâ! » Ce mot *sanahd* paraît s'adresser en même temps à la femme d'Aguini pour obtenir sa protection.

Sacrifice à la lune.

On fait à la lune un sacrifice d'herbes que l'on nomme *Somaydgam*. Ces herbes sont consacrées au moyen de prières; puis on en exprime le suc que les sacrificateurs boivent.

Suivant Plutarque, les Perses connaissaient ce sacrifice, et les Grecs l'ont défiguré au point de le considérer comme un breuvage d'immortalité dont la recherche a depuis occupé tant de cerveaux malades.

Sacrifices d'êtres vivants.

Les sacrifices d'hommes ou d'animaux ne sont certainement pas prescrits par la religion douce et humaine des brames; mais le fanatisme est venu quelquefois la ternir par des sacrifices humains. Les livres brahminiques ne parlent que de deux sacrifices où l'on peut verser le sang des animaux: le sacrifice *Ýdgam*, où l'on égorge un bouc ou chevreau roux nommé *Menda*, et un autre en l'honneur de Chiva ou du feu, cité seulement dans le livre *Youdhichtera*, où l'on immole un bœuf. Dans ces deux cas les brames adressent de nombreuses prières à Brahma pour le conjurer de ne pas leur imputer à crime la mort d'un animal innocent, protestant qu'ils ne le font que pour obéir à la loi. Quelques-uns poussent même le scrupule si loin

---

(1) Les brames et leurs livres varient un peu sur le nombre et la quantité des choses qui doivent composer cet holocauste.

qu'ils refusent d'assister au sacrifice pour n'être pas obligés de manger du foie de la victime.

L'espoir d'éloigner un danger imminent et d'apaiser les dieux irrités par l'effusion du sang, le fanatisme et la superstition, ont cependant contraint les brames à se relâcher quelquefois de leurs principes, et je vais en citer un exemple qui eut lieu, en 1746, au royaume de Tavancor. Vira-Martanda, roi de ce pays, était en guerre avec d'autres princes de la côte de Malabar, lorsqu'il se trouva subitement arrêté par une crue d'eau au passage des rivières Paravour, Tenganade et Tecava. Il pensa alors que le meilleur moyen de lever les obstacles que lui suscitaient les dieux irrités était de leur sacrifier quinze enfants. On dit même que les brames lui suggérèrent cette idée. On enleva donc de nuit et furtivement quinze enfants à des pêcheurs chrétiens et à une caste de gentils appelés *Chegos* ou *Quianas*, et on les conduisit au fort de Tirouvanderam. Là, les brames les consacrèrent en récitant sur eux des prières et leur faisant manger des aliments offerts aux dieux ; puis, après leur avoir attaché sur le corps des lames de cuivre avec différentes inscriptions, les enterrèrent vivants aux quatre coins de la place.

Plusieurs prétendent qu'on a autrefois sacrifié des hommes à la déesse Bhagavadi (1). La crainte et l'ignorance la représentent comme altérée de sang, et l'on trouve quelques fanatiques qui lui rendent encore un culte analogue au goût qu'ils lui supposent. Mais au moins la vie des hommes n'est pour rien dans ce hideux sacrifice. Au mois de mars, consacré à cette divinité, on égorge devant les portes du temple un grand nombre de coqs qu'on jette aussitôt en l'air afin que le sang se répande sur les portes et les murailles, et une population nombreuse se précipite afin d'en recevoir quelques gouttes que l'on conserve comme un talisman.

Cette cérémonie est souvent suivie d'une autre dans laquelle des hommes ne craignent pas de se soumettre à des douleurs atroces, comme on va en juger par la description suivante :

La pagode de l'aldée (village) de Vanjour, située entre Karikal et Naour, est en grande vénération parmi les peuples de la côte Coromandel. C'est à cette pagode que les habitants se rendent pour accomplir leurs vœux. Lorsque le courage vient à leur manquer, et qu'ils sont riches, ils trouvent facilement des hommes disposés à remplir le vœu à leur place. Le marché conclu, on amène le patient auquel on fait deux incisions à la peau sur les palerons de chaque épaule, et à 3 pouces de distance. On y passe des crochets de fer auxquels tiennent des cordes que l'on attache ensuite à l'extrémité d'une pièce de bois longue d'environ 40 pieds. Cette pièce de bois est percée aux deux tiers de sa longueur d'un trou pour laisser passer une cheville de fer fixée à l'extrémité d'un mât de 25 pieds de haut. Le patient se trouve ainsi accroché au bout de la partie la plus longue, qui,

---

(1) C'est sans doute la Diane taurique des Grecs

dans ce moment, est incliné vers le sol. Alors on pèse, au moyen d'une corde, sur l'autre extrémité de la pièce transversale, et il se trouve soulevé en l'air. On lui fait faire trois tours sur le pivot de fer, et chaque fois que le patient se trouve vis à vis de la pagode, située à 100 toises, on arrête pour faire des prières, et il jette des fleurs sur les assistants. Un peuple nombreux vient de 30 et 40 lieues pour assister à cette cérémonie, et accueille au bruit des instruments et des acclamations les bénédictions du supplicié. Il y a peu d'années où l'on ne voit cinq ou six hommes satisfaire de cette manière aux vœux faits par eux ou par d'autres.

A Yanaon, cette terrible cérémonie a lieu tous les ans, ainsi que dans les villages du territoire anglais avoisinants notre petite colonie. Celui qui se dévoue reçoit un morceau de terrain qu'il peut cultiver, et, immédiatement après la cérémonie, il a le droit de demander l'aumône sans que personne ose la lui refuser. En 1833, celui qui devait se sacrifier, après avoir été promené en triomphe au son des instruments dans les rues et les bazars, disparut le jour même de la cérémonie, qui n'eut pas lieu cette année-là. En 1835, trois personnes se présentèrent ; mon jardinier était du nombre, mais le jour même il se retira. Un paria et une vieille femme qui n'avait que la peau et les os furent accrochés l'un après l'autre : l'homme tenait dans chaque main un sabre qu'il agitait pendant qu'on le faisait tourner, et sur la pointe duquel il tâchait de recevoir les bananes que le peuple lui jetait ; la vieille femme recevait aussi des bananes, et se frappait la poitrine en invoquant Bhagavadi à grands cris, et lui demandant la fin des maux du peuple ; on venait en effet d'échapper à une grande famine.

Dans quelques villages de l'intérieur, le sang qui tombe des plaies du patient est soigneusement recueilli ; on le mêle avec du sang de coq, et on brûle le tout au foyer sacré. Les Hindous croient, par ce sacrifice, apaiser la déesse qui leur envoie les maladies vénériennes et d'autres infirmités.

Sacrifice pour les morts.

La veille de cette cérémonie, le fils ou l'héritier du défunt invite treize brames qui doivent n'avoir aucune tache sur le corps et être surtout sans lèpre. Si leurs femmes étaient enceintes, nouvellement acouchées ou dans leurs mois, ils seraient par là même exclus. On balaye bien exactement la maison du défunt et on la parfume avec de l'encens et des aromates, après quoi l'on enduit le pavé des appartements avec de la fiente de vache délayée dans de l'eau. Les enfants et les parents du mort se rasent les cheveux et vont se baigner dans la rivière pour se purifier. Dans la salle, on dresse une table carrée qui supporte l'idole du dieu Wichnou, devant laquelle on brûle des feuilles de *talarsi* (1), et le fils se peint sur le front le signe divin *Tiroundnam*, avec le *Bhasmam*, matière composée de poudre de sandal et de fiente de vache, et se passe au cou le *Roudrâtkcham*, espèce de rosaire

----

(1) Plante qui ressemble beaucoup au basilic sauvage.

de cent huit grains. Ces préparatifs achevés, le son d'une clochette d'airain avertit que la cérémonie commence. Les brames débutent par ces trois mots répétés trois fois à haute voix, *Hara*, *Chiva*, *Mahadeva*, qui veulent dire : O Dieu bon! ô Dieu vengeur! ô Dieu grand! puis, se plaçant la main sur la figure, font une espèce de frémissement ou grincement de dents pour évoquer l'âme du défunt. Chacun d'eux va se ranger à son poste; quatre s'asseyent au nord de l'idole et deux au sud; ils représentent les dieux. Les autres restent debout en arrière pour représenter les transmigrations faites ou à faire, à l'exception de deux qui se tiennent assis sur un banc devant la porte où ils représentent le ciel et l'enfer. Sur des siéges sont aussi rangés des vêtements du mort, un morceau de toile ou suaire, un vase de cuivre pour contenir de la cendre de fiente de vache, un peu de terre apportée des bords du Gange et de Jagarnak. Sur la table, derrière l'idole, sont quatre lampes allumées.

Les brames, le visage tourné vers le levant, prennent de l'eau dans un vase et en aspergent trois fois la salle en se lavant les mains à chaque fois et récitant des prières; puis se peignent sur le front le signe sacré avec de la cendre de fiente de vache et de la terre jaune délayées ensemble. Ils trempent dans la même mixture un petit coquillage de mer et se l'impriment sur les tempes, l'oreille et la main gauches. Ces marques représentent le dieu Wichnou. Ils prononcent vingt-quatre paroles secrètes et mystérieuses la face tournée vers l'orient; jettent de l'eau avec le pouce et le doigt médium vers le levant, si la cérémonie se fait le matin, vers le couchant si c'est le soir, et se bouchant les narines avec le pouce, l'index et le médium, gardent dans cette posture un profond silence de près d'une heure. Le moindre bruit dans ce moment serait d'un mauvais augure, et si quelque cause venait à interrompre ce silence méditatif, il faudrait recommencer la cérémonie. La méditation finie, on met sur une seconde table, près de l'idole, des feuilles de talarsi, du sandal rouge, du benjoin, du camphre, des graines de genièvre, du riz, des feuilles de darba et de brangara.

Tout cela n'est pour ainsi dire que les préparatifs du sacrifice. A ce moment, le premier sacrificateur confère au fils du mort le pouvoir de sacrifier, et l'exhorte à détruire dans son cœur la luxure et l'avarice, la colère, la crainte, l'ambition, l'orgueil et les mauvais désirs, et à ne point fonder son espérance sur les hommes, mais à placer toute sa confiance en Dieu seul. Le fils donne à sept brames deux feuilles de darba, deux grains d'orge et une feuille de talarsi qu'ils reçoivent debout et se posent sur la tête; puis prenant une bougie de camphre, il met le feu à l'encens, au benjoin et aux autres offrandes contenues dans le vase de cuivre, après toutefois que les brames ont aspergé l'idole d'eau lustrale. Chaque fois que le fils jette de nouvelles offrandes dans le foyer sacré, les brames prononcent de nouvelles paroles mystérieuses.

Les matières du sacrifice consumées, le fils lave les pieds des brames, leur donne à genou à chacun un cordon neuf, et jette de l'eau à sa gauche pour désigner l'immortalité des dieux et de l'âme du défunt. Il met ensuite dans les mains des brames un peu de miel que ceux-ci lèchent soigneusement, pour prendre, disent-ils, un avant-goût des douceurs célestes dont l'âme doit jouir après avoir expié ses fautes.

La cérémonie est alors terminée, et on sert un repas dont on offre d'abord tous les plats à Wichnou : ce sont des lentilles cuites à l'eau, du riz au lait, du pain nommé *apane*, du miel, des morceaux de canne à sucre nommés *quiarkara* ou communément *jagre*, une pâtisserie de sucre et de coco ou plutôt de fruit de palmier, du gingembre assaisonné avec du sucre, des limons confits, de la noix muscade, du lait, des herbes et des racines frites dans le beurre. Tous les aliments indigestes et échauffants sont interdits. Le chef des brames bénit le tout et l'offre à l'idole en disant : «Seigneur, ce sont vos dons que nous vous offrons.» Puis assis sur des nattes et les pieds croisés, les brames procèdent au repas pendant que les parents et alliés récitent le *Radrdlkam*. Après le repas on réunit les restes dont on fait quatre-vingt-un petits pains : sept sont jetés aux corbeaux, treize et demi aux chats, quatorze aux chiens, vingt et un aux vaches, seize sont déposés dans autant de coins de la maison pour les rats et les souris, et neuf et demi sont distribués aux pauvres. Ces nombres sont tous des mystères brahminiques.

Celui qui fait faire ce sacrifice donne ordinairement deux pagodes à chaque brame, si sa fortune le lui permet. La cérémonie dure trente jours, mais il n'y a que le premier de solennel. Les Nairs, les Banians qui veulent imiter les brames et les autres premières castes, honorent à peu près de la même manière leurs parents morts.

Sacrifice des fleurs.

Ce sacrifice se fait avec la plante et les fleurs de talarsi ou avec une plante rougeâtre que les Malabars nomment *quettipoud*. L'idole à laquelle on veut l'offrir est placée sur l'autel du temple ou à l'entrée d'une maison sur une natte, et on l'inonde de fleurs que l'on jette avec le pouce, l'index et le médium, et que l'on prend dans une corbeille destinée à cet usage. Quand un roi assiste à ce sacrifice, ce qui arrive toujours au roi de Travancor, il se réunit aux brames rangés en cercle, et récite avec eux les prières appelées *Slogam*. Voici ces prières : «Om ! que l'âme sensitive ait toutes les conditions acquises ; sosouahâ.

«Om ! que l'âme raisonnable et vivifiante ait toutes les conditions requises ; sosouahâ.

«Om ! que notre prière ait toutes les conditions requises ; sosouahâ.

«Om ! que cette figure ait toutes les conditions requises ; sosouahâ.»

En même temps les officiants jettent des fleurs et font cent huit fois le tour de la statue et du temple. Ces tours représentent les révolutions des planètes et de l'univers, les transmigrations des âmes, et le passage de toutes les créatures de l'état de corruption à celui de régénération. Le peuple imite ces fastidieuses promenades sans en savoir la signification, et fait autour de ses arbres sacrés et de ses idoles des tours sans fin, récitant des prières, et offrant aux dieux des fleurs, du blé d'Inde, du riz, des cocos et de l'huile.

Sacrifice des hôtes.

Comme chez tous les peuples primitifs, l'hospitalité est en honneur chez les Indiens, et les législateurs ont voulu, pour la conserver intacte, qu'elle fût ordonnée par la religion.

Le sacrifice qui sert à consacrer l'hospitalité consiste à placer à l'entrée de la maison la statue d'un dieu également reconnu de l'étranger et de celui qui le reçoit, et sur laquelle ils jettent tous deux des fleurs en récitant des prières; l'hôte lave ensuite les pieds de l'étranger, et tous deux sont unis par les liens les plus sacrés.

Cérémonie des mariages.

Nous voici arrivés à l'instant le plus important de la vie d'un Hindou. Mourir sans laisser d'enfants est un déshonneur: aussi se marie-t-on excessivement jeune, les femmes surtout; souvent celles-ci ne sont pas encore arrivées à l'âge de puberté que déjà elles ont passé dans les bras d'un époux. Le mariage est la plus grande cérémonie des familles, et il est toujours célébré avec le plus de solennité possible. On y dépense quelquefois des sommes énormes; et j'ai vu pendant mon séjour à Yanaon un mariage qui coûta près de 150,000 fr., et cette somme vaut le double de ce qu'elle vaudrait chez nous.

Lorsqu'un Hindou a trouvé dans sa caste (1), ou même dans sa famille, une femme qu'il veut épouser, son premier soin est d'aller trouver un brame, qui se charge de toutes les négociations et souvent même de la consommation du mariage. Si le futur est accepté, commence alors entre les deux familles une série de repas et de présents qui ne finira qu'après l'union. Quand le jour a été fixé pour la cérémonie du *pariam* ou des fiançailles, le père du mari charge sur les épaules de ses domestiques de grands paniers contenant les présents qu'il doit faire au père de la fiancée. Celui-ci les reçoit et présente sa fille en disant : «Ceci est à moi et la fille est à vous.» Le brame arrive alors, exhorte les deux époux à remplir tous leurs devoirs et leur promet une grande fortune et une postérité nombreuse. Jusque-là le mariage n'est pas conclu, et il serait possible de le rompre en rendant tous les présents reçus de part et d'autre : l'union ne sera définitive que quelques jours après.

Enfin le jour du mariage arrive : on place les deux époux, assis l'un devant l'autre, sur une estrade couverte de lampions et de vases remplis d'eau. Le brame, par ses prières et ses invocations, fait descendre dans ces vases Wichnou et Latkchémi, ou Chiva et Parvadi, selon que les époux sont

-----

(1) On ne peut prendre une femme dans une autre caste que la sienne sans être déshonoré et devenir *paria*.

wichnouvistes ou chivanites, et il procède ensuite au sacrifice *homam*, ou du feu. Les prières terminées, le père prend la main de sa fille, dans laquelle il met de l'eau, du bétel et une pièce d'or ; il place ensuite cette main sur celle de son gendre, et les arrose d'eau lustrale en prenant tous les dieux à témoin qu'il donne sa fille à l'époux. Le brame apporte le *tali*, ou collier, auquel est attaché un symbole, tel qu'une pièce d'or, une dent de tigre ou un *lingam :* il le donne à l'époux, qui le passe au cou de sa femme, et de ce moment le mariage est conclu sans rémission.

Les fêtes, qui durent déjà depuis plusieurs jours, se prolongent rarement au delà de celui du mariage ; mais c'est à ce moment surtout que les plaisirs et le luxe sont prodigués aux parents et aux étrangers. Des cavalcades, où les plus riches habitants du pays sont montés sur des chevaux, des chameaux et des éléphants, ou dans des palanquins, parcourent, au son des instruments de musique, les rues, couvertes de fleurs et de tapisseries. Des danseuses, payées largement, se font admirer dans les carrefours, et livrent au public, ivre de joie, les secrets de leur art et de leurs grâces. Des feux d'artifice éclairent la fête de leurs lumières aux mille couleurs, et sont le messager brillant qui annonce aux populations éloignées qu'un coin de la terre se réjouit, et que deux époux vont commencer leur carrière sous les auspices du bonheur. Enfin, une multitude de brames de toutes les sectes accourent des provinces des environs, se réunissent quelquefois au nombre de cinq à six mille, et donnent à la fête un caractère religieux, lorsque toutefois ils ne se joignent pas eux-mêmes aux danseuses pour prendre une part plus active aux réjouissances. Tout ce peuple, accouru sans provisions, sans souci du lendemain, est nourri aux frais du marié, et l'on comprend facilement quelles sommes énormes doivent alors se dépenser.

A l'exemple des anciens Spartiates, les Hindous ne peuvent coucher avec leurs femmes qu'à la dérobée, tant que celles-ci n'ont pas été mères. Lorsque la femme devient grosse, toute la famille est obligée de se purifier, et l'on célèbre une fête en réjouissance de cet événement. A la naissance de l'enfant, il y a encore d'autres cérémonies, ainsi que pour lui donner un nom ; mais ces fêtes sont seulement concentrées dans la famille, et les étrangers y sont rarement admis, à moins que l'on n'ait pour eux une grande considération.

Funérailles.

Les funérailles des morts se font dans l'Inde avec un luxe et une solennité incroyables ; on voit souvent des familles sacrifier à cette occasion les restes de leur fortune, et ne jamais regretter l'argent qu'elles ont follement dépensé pour rendre les honneurs funèbres à un parent quelquefois assez éloigné : car les morts sont l'objet d'une grande vénération, et les Indiens, portant tout à l'extrême, même les vertus, devaient être exagérés jusque dans leurs larmes. Ce respect porté aux morts a cependant quelque chose qui révèle la tradition antique, et je n'ai jamais pu résister à un sentiment d'admiration en voyant des enfants, sur le point de prendre leur repas, faire la part de leur père ou de leur frère mort depuis des années, et la donner aux corbeaux, persuadés que l'âme de celui qu'ils regrettent est peut-être dans le corps d'un de ces oiseaux.

Lorsqu'un Indien vient d'expirer, on s'empresse de le faire savoir à tous ses parents et ses amis pour qu'ils viennent prendre part aux cérémonies. Ceux-ci accourent chargés de présents pour les brames, dans l'intention d'attirer les bénédictions du ciel sur le défunt, et se purifient par les prières et les ablutions, sans quoi la cérémonie serait peu profitable à celui qui en est l'objet. Le jour fixé, un brame fait des prières et des purifications en présence de toute l'assemblée, et appelle le mort par son nom ; puis il lui fait plusieurs questions et termine en lui récitant à l'oreille les paroles consacrées. Ceci achevé, on répand de l'eau sur le corps du défunt, et le cortége se met en marche pour le bûcher. Pendant tout le trajet, les pleureuses font retentir l'air de gémissements proportionnés à la considération dont jouissait celui qu'elles pleurent, et surtout à la munificence de ses héritiers.

Il existe quelques castes indiennes qui ne brûlent point leurs morts, et qui se contentent de les enterrer, principalement celles de la secte de Chiva. Dans ce dernier cas, on enterre le corps après l'avoir enseveli, et la cérémonie est terminée. Mais les wichnouvistes agissent avec plus de pompe : après avoir placé le corps sur le bûcher, on lui donne une aubade composée de tam-tams et de trompettes, ce qui, joint aux sanglots des assistants, produit un bruit assourdissant capable de réveiller le mort lui-même ; c'est, au reste, dans cette intention qu'ils le font. Puis, enfin, le feu est allumé, et il ne reste bientôt plus que des cendres. Les os sont alors recueillis et conservés soigneusement pour être portés dans le Gange à la première occasion.

Lorsqu'une femme a promis solennellement de se brûler avec le corps de son mari, on la pare de ses plus riches habits et on la place sur une estrade devant la porte de sa maison ; tous ses parents l'environnent, lui présentent le bétel, et l'entretiennent du bonheur dont elle va jouir, dans la crainte qu'elle ne se repente du sacrifice qu'elle est près de consommer. On a soin de mêler au bétel une certaine drogue qui assoupit les sens. Lorsque tout est prêt pour la cérémonie, le convoi se met en marche, et la femme suit à pied avec ses parents et ses amis ; elle porte au cou un *lingam* et tient dans ses mains un citron, un miroir ou des fleurs. Arrivée au lieu du sacrifice, elle se dépouille de ses bijoux et va se baigner à l'étang voisin, tandis que le brame officiant récite des prières et distribue des aumônes aux pauvres. Au sortir de l'eau, la femme, couverte d'un suaire de toile de couleur, s'achemine vers la fosse, dont une natte tendue lui dérobe l'aspect jusqu'au dernier moment. Cette fosse est assez profonde, et la terre qu'on en a retirée est placée en talus sur une seule face ; elle est remplie de bois et de matières combustibles. Lorsque le cadavre du mari est aux trois quarts consumé, la victime, du haut du talus de terre, prononce un dernier adieu à ses parents, et, armée d'un vase plein d'huile, se précipite dans la fosse, qui est à l'instant remplie de bois et de matières grasses jusqu'à la hauteur de plusieurs pieds.

Ce sacrifice se pratique ainsi dans les trois castes inférieures ; mais les femmes de la première caste montrent encore plus de sang-froid et de courage fanatique. On les place sur un bûcher, à côté de leur mari ; puis on élève au-dessus une pyramide de bois, et le feu n'est allumé qu'après cette opération, souvent assez longue et qui donne le temps de faire des réflexions. D'autres fois, c'est dans une cabane de feuillage que la victime se brûle, et alors elle met elle-même le feu.

Les femmes ont encore une autre manière de mourir avec leur mari : c'est en s'enterrant toutes vives. Une fosse est ouverte, et l'on y conduit la victime en grande pompe : elle y descend, s'assied sur une espèce de banc de terre pratiqué à cet effet, prend le mort dans ses bras, brûle des parfums et attend tranquillement que l'on remplisse de terre la fosse. Lorsque la femme est ainsi enterrée jusqu'au cou, deux brames étendent un tapis devant elle pour cacher à la foule ce qui va se passer : on donne alors à la veuve du poison dans une coquille, puis on l'étrangle, mais avec tant de dextérité, que personne ne s'en aperçoit. Les cris que le peuple pousse dans ce moment, le bruit des tambourins et des instruments, qui ne cesse pas pendant cette affreuse cérémonie, étouffent les gémissements de la victime, et chacun se retire, désirant jouir du bonheur que l'on acquiert par cet horrible sacrifice.

Pour perpétuer chez les femmes cette barbare coutume, les brames ont déclaré infâmes celles qui refusent de s'y soumettre ; elles doivent renoncer à un autre mariage et à l'usage du bétel, ne plus porter de bijoux et se couper les cheveux. Plus d'honneurs à prétendre pour elles, plus de biens qu'il leur soit permis de posséder : elles deviennent esclaves de leur fils aîné, qui représente son père, et si elles n'ont eu que des filles, c'est le frère du défunt qui devient l'héritier légitime, et il n'accorde à ces malheureuses que des secours passagers. En regard de ce mépris auquel est vouée la femme mise ainsi hors la loi, de cette vie de langueur et d'humiliations, on fait pressentir à la veuve tout ce que la superstition peut suggérer de plus flatteur : une félicité sans bornes auprès de Brahma, la gloire de sauver l'âme de son époux et de lui épargner les souffrances et les transmigrations, la vanité de vivre longtemps après sa mort dans la mémoire de ses concitoyens et d'être regardée comme une sainte. Avec un peu de connaissance du cœur humain, on ne sera pas étonné que ce cruel usage se soit perpétué jusqu'à nos jours chez un peuple aussi superstitieux que les Hindous. Cependant, malgré tous les efforts des brames, les femmes commencent à en revenir, et préfèrent racheter leur vie par des fondations de pagodes ou des aumônes.

Dans les pays soumis aux Européens, ce sacrifice est défendu, et les femmes, qui ne l'ignorent point, sauvent les apparences en manifestant le désir de se brûler ou de s'enterrer avec leur mari, bien persuadées que l'autorité s'y opposera.

Pendant que je commandais à Yanaon, deux exemples se sont présentés. Je n'éprouvai pas beaucoup de difficulté à dissuader la première veuve; mais il n'en fut pas de même de le seconde. Un riche banquier d'Yanaon étant mort, le chef de police, M. Roux, me prévint que les brames prêchaient la veuve pour qu'elle se brûlât, et que celle-ci était venue se jeter à ses pieds, lui promettant 50,000 francs s'il voulait lui permettre de s'immoler. Je donnai aussitôt l'ordre de placer des gardes dans la chambre de cette femme et de fermer toutes les issues pendant qu'on brûlerait le cadavre de son mari. La cérémonie se fit, au grand désappointement des brames, qui ne purent en retarder l'exécution, attendu qu'il est d'usage de brûler immédiatement le mort, parce que tant qu'il reste dans la maison les voisins de la même rue ne peuvent prendre aucune nourriture. Quelque temps après, la veuve du banquier se mit en route pour aller en pèlerinage à la pagode de Jagernak, où, disait-on, elle devait se brûler; mais, étant tombée malade en chemin, elle revint avec sa suite à Yanaon, où elle était fort tranquille lorsque je quittai ce gouvernement en 1836.

Il était d'usage aussi que, lorsqu'un Hindou mourait et laissait plusieurs femmes, celles-ci devaient se disputer l'honneur d'être brûlées, honneur qu'on n'accordait qu'à celle que le mari avait le plus aimée. Glorieuse de son triomphe, elle recevait les félicitations de ses compagnes, moins heureuses qu'elle, et était portée sur le bûcher au milieu des chants et des acclamations.

Il n'y a point de loi expresse, dans la religion des brames, qui oblige les femmes à se brûler sur le corps de leur mari, et l'on serait embarrassé de trouver l'origine de cette coutume si les brames eux-mêmes n'en donnaient une explication qui me paraît très-concluante. Quelques maris, attachant leur bonheur à la fidélité de leurs femmes, et prévoyant que la guerre les obligerait à des absences longues et fréquentes pendant lesquelles la vertu de leurs épouses pourrait faillir, craignirent qu'à leur retour on ne se défît d'eux par le poison pour éviter le châtiment dû à l'épouse coupable : en conséquence, ils stipulaient cet article dans les conventions du mariage, et les femmes qui y avaient consenti eussent été déshonorées si elles n'avaient pas rempli l'obligation qu'elles s'étaient volontairement imposée. On prétend même que l'abus que les femmes faisaient autrefois du poison fut la seule cause qui engagea les Hindous à établir cette coutume, et à la sanctionner par des motifs religieux.

Fêtes principales à la côte Malabar.

D'après le *Sastrom* malabar (1), il y a dix principales fêtes dans l'année, et qui sont généralement observées dans toutes les castes, sans distinction.

---

(1) *Sastrom* signifie « l'historique malabar appuyé du « Védam »; et *l'édam*, « la véritable loi. »

Fête de Bijou.

Cette fête, qui répond à notre jour de l'an, commence le 1ᵉʳ du mois de *medon* (11 au 12 avril), et est par conséquent la première de l'année. Les Malabars la célèbrent ainsi : On dresse dans les maisons ou les *varangues* une table sur laquelle on place une lumière, du riz, des concombres, des cocos mûrs, d'autres encore verts, un vase d'eau, des joyaux d'or ou d'argent, des fleurs, un morceau de toile blanche pliée, un livre contenant les louanges du Créateur, et enfin un fanon d'or (monnaie) au coin du dieu. Le tout doit être disposé de telle manière, qu'en s'éveillant la vue soit d'abord frappée de ces objets. On fait ensuite une courte prière et des ablutions pour se purifier, et l'on se rend à la pagode. La journée se termine par des aumônes et même souvent par un festin auquel on invite ses parents et ses amis.

Fête du Tirounal.

Cette fête, que l'on nomme aussi *fête du Chariot*, ne se célèbre que dans les pagodes les plus importantes, et principalement à Jagernak, où une foule immense accourt de toutes les régions de l'Inde ; elle a lieu au mois de juin et dure dix jours. Cette fête est une source abondante de revenus pour les brames, qui, outre les dons que chacun apporte au dieu, vendent encore, et souvent à un prix élevé, la nourriture nécessaire au peuple accouru là sans aucunes provisions.

Un roi dont l'histoire n'a pas conservé le nom faisait bâtir cette pagode pour expier ses fautes, lorsqu'un ouvrier charpentier vint se présenter à lui et lui offrit de sculpter la statue du dieu Wichnou. Cet ouvrier était Wichnou lui-même, et il obtint qu'on le laisserait achever sa statue sans que personne le vît travailler. Le marché ainsi conclu, il se mit à l'ouvrage ; mais le roi, craignant d'être trompé par son charpentier, vint le regarder à travers les fentes de la porte : Wichnou, pour le punir, disparut à l'instant, laissant son œuvre informe. C'est cette grossière statue que l'on vient adorer à Jagernak et qui est l'objet de la fête.

Quelque temps avant l'ouverture de la solennité, on offre des sacrifices à l'idole et l'on proclame la gloire et la puissance de Wichnou, au son des instruments. On a soin aussi de faire éloigner les femmes enceintes, parce qu'elles sont regardées comme impures ; et l'on construit des reposoirs ornés de tapis et de fleurs.

Pendant les neuf premiers jours de la fête, on se contente de porter l'idole autour de la pagode, matin et soir, et de l'exposer pendant la journée aux vénérations des fidèles, qui viennent déposer devant elle les présents qu'ils lui destinent, et que les brames se partagent entre eux. Mais le dixième jour est le plus solennel. On place l'idole sur un char immense ; des musiciens et des bayadères se groupent autour, et dansent avec délire, tandis que cinq à six mille hommes traînent le char et le conduisent processionnellement. L'énorme machine roule lentement en creusant de profonds sillons dans la terre, et l'on voit alors des hommes et des femmes se précipiter sous les roues avec un sang-froid dont le fanatisme est seul capable; la foule elle-même passe sur ces corps mutilés en les regardant avec admiration, et témoigne sa joie par des hurlements épouvantables. Enfin, lorsque le char est rentré à la pagode, chacun s'en retourne à son *aldée*, riche de bénédictions. Mais les corps des victimes restent exposés sur la terre, où ils sont dévorés par les animaux, et leurs ossements, blanchis par le temps, se voient dispersés au loin sur toutes les routes qui conduisent à la pagode: ils indiquent le chemin du ciel au pèlerin, et celui-ci envie le courage des saints qui se sont ainsi sacrifiés.

Les maladies qui se déclarent souvent dans cette foule d'hommes venus sans vivres, quelquefois sans argent, la déciment encore, et il faut ajouter aux premières victimes un grand nombre de gens qui meurent de faim, de misère ou de maladies pestilentielles. Il n'y a pas d'année où la fête de Jagernak ne coûte la vie à sept ou huit cents personnes.

On célèbre également la *Fête de Tirounal* dans les pagodes consacrées au dieu Chiva, mais avec moins de solennité et de fanatisme qu'à Jagernak.

Fête de Bahou.

Elle arrive un jour avant le 1ᵉʳ de la lune du mois de *Karkadon*, qui est le quatrième après *Médon*, et répond au 14, 15, et dans quelques années au 16 juillet. D'après le Sastrom, le Créateur fit un homme et une femme, auxquels il donna la mission de peupler la terre; cette tâche finie, il les reçut corps et esprit dans le paradis, le jour de Bahou; et, comme ils demandaient la même grâce pour tout le genre humain, Parabrama leur répondit : «Tous ceux qui en ce jour de Bahou feront des prières ferventes «en votre nom, et des cérémonies funèbres pour les morts, jouiront aussi «du séjour céleste, et leurs races seront multipliées sur la terre.» C'est pour cela que les Malabars regardent la fête de Bahou, qui signifie proprement *fête des morts*, comme une des principales : aussi se donnent-ils bien garde d'y manquer. Ils cuisent du riz à l'intention des morts, et après avoir évoqué leurs mânes, ils donnent ce riz aux corbeaux; ils font l'aumône et toutes sortes de bonnes œuvres qu'ils considèrent comme indispensables pour se rendre dignes des promesses du Créateur.

Fête Onon.

Cette fête arrive au mois de *Chingor*, qui est le cinquième de l'année Sastrom et qui commence du 13 au 16 août. Les brames fixent le jour précis d'après des calculs astronomiques. Elle est instituée en l'honneur de *Maa-Velly*, que le Créateur avait préposé au gouvernement de la terre, dès le commencement du monde : Maa-Velly est le plus ancien souverain.

Dix jours avant, on dispose symétriquement des carrés de fleurs devant la porte des maisons, et le jour de la fête venu, on doit se baigner, se purifier, aller à la pagode, s'habiller de pagnes neufs et faire des aumônes. Les danseurs et les bayadères surtout ne manquent pas de célébrer cette solennité en allant danser dans toutes les maisons, où on leur fait beaucoup de présents.

On célèbre aussi cette fête en l'honneur de Laïkémi, et, dans ce cas, on s'attache un ruban jaune, les femmes au cou, et les hommes au bras.

Fête du Baò.

Cette fête a lieu le 31 août, et est célébrée seulement par les *Maucouas*, hommes d'une caste basse de la côte Malabar. On la nomme aussi *fête des cocos*, car elle consiste presque entièrement dans l'acte de jeter un grand nombre de cocos à la mer qu'une foule de nageurs s'empressent de repêcher.

On prétend que dès le lendemain de la fête on peut se mettre en mer sans danger, et il est à remarquer que le fait est souvent vrai.

On voit aussi à la côte Malabar célébrer cette fête d'une autre manière, mais surtout dans les endroits où il n'y a pas d'étang : on suspend un coco à une ficelle dont on garde le bout dans la main, après l'avoir fait passer par-dessus un porche afin de le baisser ou de l'élever à volonté ; on a eu soin de mettre un fanon dans le coco, et cet appât suffit pour attirer beaucoup d'amateurs, qui sautent après le coco et le voient toujours remonter.

Fête Navaratry.

Elle dure neuf jours et arrive dans le mois de *Kany*, qui est le sixième de l'année et correspond au 15 septembre à peu près. Dès le premier jour de *Navaratry*, tous les livres du Sastrom, les armes, les outils d'ouvriers et de laboureurs, et les instruments de musique, sont renfermés dans une chambre préparée à cet effet et soigneusement gardée par une personne entendue, qui n'en permet l'accès à qui que ce soit. On en fait de même dans les pagodes, et on doit pendant ces neuf jours tenir une conduite sage et religieuse, parler peu et avec douceur, et jeûner souvent. Le brame vient répandre l'eau lustrale, qu'il prend dans un vase avec des feuilles de manguier, et asperge tout ce qui est dans la maison, même les animaux.

Quoique cette fête soit célébrée en l'honneur de *Sarassouady*, on consacre cependant les huit premiers jours à Chiva, Brahma et Wichnou, et le neuvième aux trois déesses Parvadi, Laïkémi et Sarassouady. La première est représentée par les armes, comme déesse de la destruction ; la seconde, par les animaux et ustensiles, comme déesse des richesses ; et enfin la troisième, par les livres et les instruments, comme déesse de la science et des arts.

Cette fête est si sacrée, qu'un Hindou ne prendrait pas les armes ce jour-là, quand même il serait attaqué. En voici un exemple : le général du Souba du Decan, qui faisait le siége de Gingy, choisit le moment de cette fête pour donner l'assaut, persuadé que les assiégés ne se défendraient pas ; en effet, il entra dans la place sans éprouver la moindre résistance.

Fête Pattamoudion.

Cette fête se trouve dans le mois de *Toulaon*, ou octobre, et dure ordinairement deux jours. Elle a lieu en mémoire du prince *Arjouneine*. Ce prince faisait pénitence dans les bois pour obtenir le don d'être invincible; le Créateur ou le dieu *Schy-Paramaichouaireine* (1) voulut mettre son courage à l'épreuve avant d'exaucer ses vœux. Le dieu se transforma en chasseur, et blessa d'une flèche un sanglier, qui vint se réfugier aux pieds d'Arjouneine et lui demander protection. Le chasseur réclama sa proie; mais Arjouneine ne consentit pas à la livrer, et un combat terrible qui dura deux jours s'engagea entre eux. C'est alors que le dieu, félicitant Arjouneine sur son courage et la justice de la cause qu'il avait défendue en protégeant l'animal blessé, lui accorda le don d'être invincible.

Pour célébrer dignement cette fête, on fait des aumônes et on se livre aux plaisirs de la chasse, qui est son véritable but.

Fête des Augures ou *Pougol*.

Cette fête est en grande réputation dans toute l'Inde, puisqu'elle est le pronostic de l'abondance ou de la disette, de la prospérité ou des malheurs qui sont destinés au pays pendant l'année. On nomme la cérémonie *Pougol*, et elle a lieu le 11 janvier. Les brames, après avoir fait leurs prières à la pagode, en sortent processionnellement pour se rendre dans une plaine, aux environs de la ville ou de l'aldée, et amènent avec eux, au son des instruments, des bœufs, des lièvres, des rats et des oiseaux. Arrivés au lieu convenu, et suivis de tout le peuple, les brames lâchent successivement les quadrupèdes et les oiseaux, ayant bien soin d'observer la rapidité de leur course ou de leur vol, la partie de l'horizon vers laquelle ils ont fui et les différents incidents qui ont lieu. Ils tirent ensuite leurs augures et en annoncent le résultat au peuple, qui retourne à son aldée, triste ou gai, selon ce qui lui a été prédit.

Fête Outshall.

Elle arrive le 30 du mois de *Magarou*, qui est le dixième de l'année Sastrom, et commence du 11 au 13 janvier. On la célèbre deux jours de suite, le 30 *magarou* et le 1er *coumbon*. Les Malabars prétendent qu'à cette époque le soleil se dirige vers le nord, et, d'après le Sastrom, ceux qui meurent pendant le cours du soleil vers le nord sont sauvés. Ils célèbrent la fête en allant à leur pagode, après s'être baignés et purifiés, pour y rendre des actions de grâce et implorer la miséricorde du dieu créateur *Brémave* (Parabrama). Ils font aussi des aumônes. Les ouvriers et les hommes de lettres doivent parfumer chez eux leurs armes, leurs outils, leurs livres, et ne peuvent pendant ces deux jours se livrer à aucun travail. Les laboureurs ne peuvent ni labourer, ni ensemencer, ni même toucher aux graines, parce que la terre est alors nubile. C'est à cette époque que les *nairs*, les *tives*, les vieillards et les vieilles femmes vont à une ancienne pagode dans le district d'Arcalatte, où ils se croient obligés de se présenter une fois par an et de

---

(1) Parabrama.

porter au moins un fanon (1). Le gouvernement anglais prend la moitié des dons faits à cette pagode.

Fête nocturne en l'honneur du *lingam*.

Cette fête se célèbre au mois de mars parce qu'on pense généralement que le culte du *lingam* fut institué à cette époque. C'est une saturnale complète. Le climat brûlant de l'Inde, excitant les passions, donne à cette fête l'aspect d'une démence populaire qui révolte les Européens. Le peuple, après s'être purifié par le jeûne et le bain, s'assemble dans le temple, et passe la nuit à chanter des chansons lascives et à tenir les discours les plus obscènes. Les femmes se prostituent, et, pêle-mêle avec les hommes, se livrent aux actes les plus dégoûtants. On fait ensuite sortir du temple une grande statue du dieu Chiva, dont le *lingam* est très-apparent. Souvent même, au lieu de la statue, on porte simplement en procession une représentation du *lingam* au bout d'une perche, pendant que les assistants courent comme des bacchants. Les uns vendent de petits *lingams* de bois ou de verre, et forcent ceux qui les achètent à se les pendre au cou ou au bras; d'autres poussent des cris et des hurlements; et tous, en général, renonçant à toute pudeur, se livrent à la débauche la plus effrénée en paroles et en actions.

La fête *Chaktipouguia*, en l'honneur de la déesse *Chakti*, est à peu près dans le même genre. On couronne de fleurs une femme nue, que l'on promène en triomphe, et l'on se gorge de viande et de boisson, malgré la défense expresse de la loi.

Ces orgies ont été défendues par les rois hindous; cependant elles se pratiquent encore aujourd'hui, en secret et de nuit.

———

Les Hindous ont encore une quantité d'autres fêtes, qu'il serait très-difficile d'énumérer parce qu'elles ne sont souvent reconnues que d'une seule caste, tandis que les autres les regardent comme une impiété. Les localités amènent aussi des différences, et souvent telle fête célébrée à dix lieues de distance n'est pas reconnaissable. Je me suis donc contenté d'indiquer les principales fêtes de la côte Malabar, et je préviens toutefois le lecteur que je n'en ai pas mentionné le quart.

Castes ou tribus.

Le législateur Brahma partagea sa nation en quatre principales castes qui portent les noms de :

Brahmana (caste des brames);

Kjetria (caste royale);

Vayjzia (caste des laboureurs);

Soudra (caste des ouvriers).

Ces quatre castes sont originairement nobles, parce que, selon une tradi-

---

(1) 50 centimes de notre monnaie.

tion constante et immémoriale confirmée par les livres braminiques, elles descendent toutes de Brahma, et ont été formées ainsi : de la tête de Brahma, les brames, qui doivent faire pour les autres castes ce que fait la tête pour le corps humain, c'est-à-dire les diriger et les conduire ; des épaules, les kjetrias ou caste royale, qui doivent soutenir le poids du gouvernement et se charger de la défense de l'État ; du ventre, les vayjzias ou laboureurs, qui doivent nourrir les autres castes ; et enfin des jambes et des pieds, les soudras ou ouvriers, qui doivent aider et servir les autres par les arts et les métiers.

Ces quatre castes parfaitement séparées ont chacune leurs usages et leurs institutions particulières, dont aucun membre ne peut s'écarter sous les peines les plus sévères. Le mariage et même tout commerce charnel est défendu entre individus de castes différentes, et l'on ne peut quitter sa caste pour entrer dans une autre. En un mot, chacun est tenu de rester dans sa caste, de s'y marier et d'en exercer la profession, sous peine d'être *paria*. Je parlerai plus loin de ceux à qui on donne cette dénomination. Quant à la religion, elle est unique pour tous.

Les quatre castes principales se subdivisent elles-mêmes en un grand nombre de classes qui conservent encore le nom de castes et ont elles-mêmes des usages différents ; ainsi, par exemple, dans la caste des soudras, chaque état forme une caste séparée.

Caste *brahmana* ou des brames.

Les brames sont les prêtres de l'Inde et ont seuls le droit de faire les cérémonies religieuses des pagodes, les sacrifices, oraisons funèbres, etc. etc. Ils sont les dépositaires de la loi dont ils connaissent seuls le secret, et professent la théologie. Toutes les sciences sont d'ailleurs de leur ressort ; ils enseignent les mathématiques, l'astronomie, et ont seuls le privilége de l'instruction. Le cordon est leur marque distinctive, et en le recevant ils deviennent sacrés. De ce moment, ils acquièrent le droit d'apprendre la loi et jouissent de tous les priviléges de leur ordre vénéré. Ce cordon, nommé *Pounnoûle* ou *Jagnapavadam*, leur est conféré à l'âge de sept ans avec de grandes cérémonies. Il se compose de neuf fils attachés ensemble par un nœud et ayant chacun pour longueur douze fois le tour du poignet. Leur réunion donne donc cent huit fois le tour du poignet, nombre mystérieux en l'honneur des cent huit vierges du dieu Brahma. Ces neuf fils divisés ensuite par trois donnent le nombre trois, qui représente les trois lois du *redam* que Parabrahma donna dès le commencement du monde à Brahma pour les confier aux brames.

Cette cérémonie d'initiation est la première à laquelle soient soumis les brames, et les place dans le premier ordre que l'on nomme des initiés. Ils sont tenus : 1° d'étudier la loi et de la méditer ; 2° de vivre d'aumônes tant qu'ils sont dans ce premier ordre ; 3° de dormir sur la terre nue ou seulement couverte d'une natte ; 4° de ne point faire usage du bétel ; 5° de ne pas s'oindre le corps d'huile après le bain ; 6° d'éviter tout commerce avec les femmes ; 7° de faire des ablutions et de réciter certaines prières en l'honneur du *lingam* ; 8° de ne point se raser ; 9° ils peuvent assister au sacrifice commun, mais non le présider.

A douze ans, ils passent dans l'ordre des *grahastes*. Ils peuvent alors se marier, élever leurs enfants, cultiver leurs terres, faire le commerce, etc. Ils sont, en un mot, libres de faire ce qu'ils veulent, et restent souvent toute leur vie dans ce deuxième ordre.

Ils doivent, ainsi que tous les brames, 1° se laver le corps tous les matins ; 2° offrir des fleurs à l'idole en récitant des prières ; 3° se peindre sur le front, la poitrine et les bras le signe sacré avec le *tirounirou* ; 4° brûler de l'encens devant l'idole et lui sacrifier d'1 riz dont une partie est jetée aux corbeaux ; 5° s'abstenir, sous peine d'être chassé de la caste, de boisson enivrante, et ne point manger d'ail, de raves, d'oignons, d'œufs, de poisson, de viande, ni rien de ce qui a eu vie ; 6° recommencer le soir les mêmes prières, sacrifices et ablutions que le matin.

Le mariage des grahastes est indissoluble, hors le cas de stérilité, où le juge docteur de la loi leur permet de répudier leur femme stérile pour en épouser une autre. Les enfants mâles légitimes héritent de leur père, et les filles sont exclues de la succession au moyen d'une dot qu'on leur accorde.

Ceux qui aspirent à passer de l'ordre des Grabastes dans le troisième, ou ordre des maîtres, sont soumis à un grand nombre de formalités ou d'épreuves. Ils se préparent par le jeûne, la prière et le sacrifice du feu ; ils se peignent le signe sacré au front, et on les asperge d'eau lustrale avec la feuille du manguier qui représente la plénitude de la fertilité et de la bénédiction. Le grand maître ou docteur de la loi leur coupe les cheveux à l'exception d'une mèche derrière la tête et attachée par devant en forme de couronne que l'on nomme *coudomi* ; cette marque distinctive leur donne le droit d'enseigner la loi. On leur couvre ensuite la face et le coudomi de riz et de safran bénits. On prétend enfin que les cérémonies observées pour la consécration du cordon et du coudomi diffèrent peu de celles que Moïse prescrivit pour la consécration des prêtres de la loi judaïque.

Les grandes dignités, et par exemple celle de docteur de la loi, exigent encore certaines conditions ; le candidat doit : 1° être d'une famille de pontifes distingués ; 2° ne jamais se marier ; 3" n'avoir aucune difformité de corps ou d'esprit ; 4° rester douze ans dans le temple où se trouve l'académie d'instruction, sans sortir de l'enceinte des murs ; 5° s'engager par serments les plus forts à ne jamais révéler les secrets de la loi, ni les rites des cérémonies, ni leurs significations mystiques ; 6° observer un silence absolu pendant cinq ans. Cette dernière épreuve est très-rigoureuse : aussi instruit-on les initiés d'abord à parler au moyen de signes dont ils ont seuls la clé. Ils peuvent ainsi communiquer en silence et se comprendre parfaitement. Les prières et les formules de consécration se disent à voix basse. Malheur à celui qui pèche seulement une fois contre la règle pendant ce long noviciat ! on lui coupe aussitôt le coudomi, on le dégrade et on le chasse sans espérance de retour.

Pendant ces cinq années, ils sont nourris par les revenus du temple. Le temps des épreuves et des études fini, on les fait docteurs de la loi, nommés *acharias* et *gourous*, ou sacrificateurs nommés *yagnânianes, somabadi* et *pouguidri*. Les acharias enseignent les prières, les cérémonies, les mystères de la religion, et expliquent leurs significations allégoriques. Ces enseignements ne peuvent se faire que dans l'intérieur du temple, et les maîtres et les élèves sont obligés au secret, qu'ils gardent très-religieusement, puisque toutes les tentatives qu'on a pu faire jusqu'ici n'ont servi qu'à les faire connaître très-superficiellement. Pythagore parvint, il est vrai, à se faire initier à cette philosophie mystique; mais, fidèle à ses serments, il ne découvrait à ses disciples le secret de sa doctrine qu'après cinq ans d'épreuves; et ceux-ci à leur tour se seraient exposés à tout plutôt que de divulguer leur science. Théana, cette fameuse disciple de Pythagore, aima mieux perdre la langue que de révéler le secret qui lui avait été confié touchant la défense de manger des fèves. Les gourous enseignent la grammaire, l'histoire, l'astronomie, la philosophie, les opinions des différentes sectes et les sciences en général, enfin les dogmes et ce que le peuple peut savoir de la religion. Leurs écoles se tiennent aux environs du temple dans les vergers, les bois ou les maisons appartenant aux brames. Ces écoles portent le nom de *kalari;* elles sont publiques, et on y reçoit des écoliers de toutes les castes, excepté des castes basses. On n'y exige pas le secret.

Les acharias sont spécialement destinés au culte de Wichnou, et les gourous à celui de Chiva. Le nom de gourou est cependant pris quelquefois dans un sens collectif. On leur porte à tous le plus grand respect, et on ne leur parle qu'en plaçant la main devant la bouche pour ne les pas souiller par le contact de l'haleine.

Quant aux sacrificateurs, ils sont pris parmi les acharias et les gourous chacun dans leur rite, et à eux seuls appartient le droit de faire les sacrifices et les cérémonies pour les morts ou pour les mariages.

En général, la personne des brames est sacrée; ils ont le privilége de ne pouvoir être condamnés à mort pour quelque crime que ce soit. La plus grande punition qu'il soit permis de leur infliger est de leur crever les yeux, et encore y a-t-il peu d'exemples de ce supplice. Celui qui aurait tué un brame ne pourrait racheter son pardon par aucune pénitence; il peut cependant, en construisant des pagodes et autres édifices religieux, alléger un peu les peines qu'il doit subir dans l'autre vie. Partout et dans toutes les religions, il est avec le ciel des accommodements!

Les brames ont droit de vie et de mort sur leurs femmes quand il les surprennent en adultère.

Ordres monastiques.

VANAPRASTHES.

Les pénitents qu'on désigne sous le nom de vanaprasthes, samaniens ou gymnosophistes, demeurent dans les bois et les déserts en communautés de six, douze, vingt, mais rarement plus. On en voit au cap Comorin et dans les montagnes de Vaypouram; ils reconnaissent un chef ou grand maître. Du temps d'Alexandre le Grand, cette dignité était occupée par le célèbre Calamus, dont les discours pleins d'une si noble fierté et d'un si généreux désintéressement, firent concevoir au conquérant de l'Asie tant d'estime pour ce philosophe intrépide et inaccessible à tout sentiment de crainte ou d'ambition.

Les brames peuvent entrer dans cet ordre à l'âge de cinquante ans ou quarante-cinq au moins. Les chzoudras, les vayjzias et les nairs n'en sont pas exclus, mais ils ne vivent point avec les brames et sont une classe à part de vanaprasthes, qu'on nomme *prajzniker* ou gens du dehors.

Ils sont soumis à une règle commune nommée *yamam*, d'où vient leur nom de yamaniens ou samaniens, par corruption. Cette règle contient deux parties, dont l'une de discipline extérieure et l'autre de discipline intérieure.

Les vanaprasthes sont entièrement nus, à l'exception des parties honteuses, et ne possèdent qu'un bassin de cuivre, un bâton ou une massue. Ils couchent en toute saison sur la terre nue, et toute espèce de couverture leur est interdite. Ils ne se lavent point, et le peigne et le rasoir ne doivent jamais toucher leur tête en aucune partie de leur corps; seulement ils doivent se peindre sur le front, les bras et la poitrine le signe divin (1) en l'honneur de Chiva, ou celui en l'honneur de Wichnou. Ils ne peuvent se marier, et s'ils l'étaient auparavant, ils ne peuvent plus avoir aucun commerce avec leurs femmes. Boire ou même toucher du vin et des liqueurs enivrantes, approcher d'une femme, est un crime dont ils sont punis par l'expulsion; l'eau est leur unique boisson; ils vivent en commun et ne peuvent plus retourner dans les villes sous quelque prétexte que ce soit, pas même par ordre du prince. Leur nourriture consiste en bananes, fruits, légumes et racines qu'ils cultivent eux-mêmes; en cas de besoin ils sont obligés de recourir aux racines des arbres plutôt que de manger de rien de ce qui a eu vie. Ils regardent comme un crime de tuer, même involontairement, le plus petit animal : de là vient la précaution extrême avec laquelle ils marchent, se remuent et respirent même, crainte d'écraser ou d'avaler quelque pauvre moucheron. Dans quelque nécessité qu'ils se trouvent, ils ne peuvent ni prendre ce qui appartient aux autres, ni aliéner ce qui est à eux. Ils doivent enfin avoir toujours la vérité devant les yeux et ne rien dire qui y déroge.

Après avoir ainsi passé vingt-deux ans, s'ils vivent encore il leur est permis de se retirer dans leur famille pour y jouir de la considération que leur a méritée leur longue pénitence. Mais s'ils aspirent à la perfection, ils doivent entrer dans un autre ordre nommé *bhikchzou* ou *sanyasis*.

---

(1) Voir page 29. — Le signe en l'honneur de Chiva est formé de trois lignes horizontales; celui en l'honneur de Wichnou représente un cercle surmonté de trois traits rayonnants.

BHIKCHZOU OU SANYASIS.

Le mot *bhikchzou* signifie homme qui vit d'aumônes, et *sanyasis* qui abandonne tout. Il faut, pour entrer dans cet ordre, avoir été, comme on l'a vu plus haut, vingt-deux ans vanaprasthe et être âgé d'au moins soixante-dix ans. Celui qui s'y destine se présente d'abord au grand-maître, devant lequel il renonce à posséder jamais femme, enfants ou fortune. Le grand-maître lui fait une exhortation et célèbre le sacrifice homame ou du feu ; après quoi il lui coupe, en présence d'un grand nombre de brames, le coudoumi, pour indiquer qu'il renonce à la dignité sacerdotale, et le revêt d'un morceau de toile jaune que le profès lave lui-même à l'instant. Le gourou consacre ensuite un vase de cuivre nommé *camadalam*, et y verse un peu d'eau qui sert à purifier les aumônes que reçoit le Bhikchzou. Il ne peut en effet rien manger qui n'ait d'abord été lavé dans le camadalam. Enfin il reçoit le *dandam* ou bâton à sept nœuds. Ces sept nœuds représentent sept philosophes contemplatifs qui furent transportés vivants au *Satyalogam* ou dernier ciel. Tous les jours, le profès doit laver dans son vase de cuivre son dandam ou bâton à sept nœuds, qui le préserve ainsi des esprits malins.

La plupart de ces Bhickchzou portent sur les épaules une peau de tigre, à l'exemple du dieu Chiva quand il est représenté en guerrier. Cette peau de tigre, par ses taches, représente le ciel étoilé, et leur sert aussi de couche. Ils n'allument jamais de feu pour faire cuire leurs aliments. Les uns vont mendiant de porte en porte, et entrant sans rien dire dans chaque maison où l'on s'empresse de se prosterner devant eux ; les autres restent dans les pagodes, muets, immobiles comme des statues, et y reçoivent les vénérations de ceux qui les visitent.

Ces pénitents portent les ongles très-longs, au point qu'ils font plusieurs tours dans leurs mains, ne se peignent jamais, ne se frottent point d'huile, et ne mâchent jamais de bétel. Ils font trois ablutions par jour, et se couvrent le front et la poitrine de cendre de fiente de vache. Les choses créées ne sont jamais l'objet de leurs méditations, et leurs pensées doivent avoir un but plus élevé : c'est d'avoir sans cesse pour but l'Être suprême existant par lui-même et inaltérable. Ils n'assistent ni aux fêtes ni aux sacrifices, et en général à aucune cérémonie religieuse. Ils ne font point d'offrandes, ne récitent aucune prière et ne se peignent pas même le signe sacré sur le front.

Leur règle leur prescrit de faire tous leurs efforts pour vaincre la concupiscence, la colère, l'envie, la vengeance, l'orgueil, et en un mot toutes les passions. Ceux qui étant une fois entrés dans cet institut contreviendraient à ses règlements ou l'abandonneraient seraient dégradés, déclarés infâmes, et exilés. En 1782, le roi de Travancor, à la prière des brames, donna un exemple de la sévérité des principes braminiques à cet égard. Un Bhikchzou vivait en concubinage avec une espèce de dévote à Ambalapouja : le prince l'exila à perpétuité hors de son royaume, et quelque temps après, le malheureux fut trouvé dans les bois mort de faim.

Lorsqu'un Bhikchzou meurt, il est défendu de le pleurer, parce qu'il est *trois fois bienheureux*; il va droit au ciel et n'a plus de transmigrations ou d'expiations à subir. On lui casse la tête avec un coco, et son crâne se distribue par parcelles, qui sont soigneusement conservées comme des reliques. On ne brûle pas son corps, mais on l'enterre assis, les mains et les pieds croisés, et l'on remplit la fosse de sel pour qu'il ne soit pas la proie des vers.

Instituts monastiques pour les castes inférieures.

Il y a plusieurs ordres monastiques dans lesquels il n'entre presque jamais de brames, et qui sont seulement destinés aux Indous des castes inférieures que la dévotion porte à consacrer leur vie à des pratiques religieuses. Les deux principaux ordres de ce genre sont les *yognis* et les *laders*.

Les yognis ou dacambarams sont toujours nus, et ne vivent que d'aumônes qu'ils ont rarement la peine de demander. Ils ne doivent jamais faire de provisions, pas même pour le lendemain, et sont toujours assurés de trouver dans la charité publique de quoi satisfaire à tous leurs besoins. On a pour eux un grand respect, surtout dans les basses castes, et une famille s'honore d'avoir un yognis parmi ses membres; il attire sur elle les bénédictions du ciel. On trouve quelquefois dans cette secte des brames et des kjettiis, mais cet exemple est très-rare.

Les laders, qui se recrutent uniquement parmi les soudras, se glorifient d'avoir Wichnou pour fondateur. Ils portent pour marque distinctive un *quianguiou* (conque marine), qu'ils se tracent sur l'épaule gauche avec un fer rouge, et ils ornent leur tête d'une couronne de toularsi. Ils abandonnent leurs femmes et leurs enfants, qui restent à la charge de la caste ou d'une pagode voisine, et se retirent ordinairement dans les bois. On en voit cependant résider quelques-uns dans les villes ou dans les aldées, où ils s'imposent des pénitences extraordinaires. Les uns embrassent un arbre dont ils ne se séparent plus, ou s'accrochent par les mains à une branche au-dessus de leur tête, et passent des années dans cette position; d'autres se tiennent dans une cage de fer ou marchent chargés de chaînes. J'en ai vu qui, ayant conservé leurs poings fermés durant plusieurs années, étaient parvenus à ne plus pouvoir les ouvrir; et deux entre autres dont les bras s'étaient desséchés à force de les tenir élevés en l'air: il eût fallu casser ces membres pour les ramener à la position ordinaire. Un auteur, qui passe pour digne de foi, cite un lader qui traînait une longue et lourde chaîne attachée au membre viril.

On donne quelquefois à ces pénitents le nom de faquirs; mais cette dénomination n'appartient qu'aux religieux qui suivent la loi de Mahomet. On trouve encore une autre classe de religieux ouverte à tout le monde, même aux parias: ce sont les *poutchari* ou prêtres de Manarsuami, fils de Chiva. Les brames n'admettent pas ce dieu, surtout les wichnouristes, et prétendent qu'il n'est qu'une image de Soupramanier, fils de Chiva. Les parias se sont emparés de ce culte abandonné comme d'une consolation ; d'ailleurs ils peuvent s'en retirer quand il leur plaît et même se marier. Le poutchari parcourt les aldées en chantant une hymne à la louange de son dieu, et quelquefois il se fait accompagner par plusieurs prosélytes qui attirent par le bruit l'attention des passants et récoltent de nombreuses aumônes.

Caste des *kjetrias* ou caste royale,

(A LA CÔTE MALABAR) SETTRÉAS.

La seconde caste noble des Indous est la caste kjetria ou royale. On nomme encore ceux qui en font partie radguiapoutra, ou fils de rois, d'où l'on a fait fait le mot rajapoutes. La royauté et le droit de faire la guerre leur appartiennent principalement, et je dis principalement parce qu'aujourd'hui on voit dans l'Inde des rois qui ne sont pas kjetrias, tels que le roi de Rapoli, qui est en même temps roi et souverain pontife, et ceux de Pandalam et d'Araceri, qui appartiennent à la caste des brames. Comme les kjetrias ont beaucoup diminué, on voit à la côte Malabar les autres nobles et même les castes inférieures faire le service militaire ; mais le roi est toujours regardé comme le premier soldat de son royaume, et, en temps de guerre, tous les kjetrias doivent servir en personne. Pendant la paix, ils doivent vivre du revenu de leurs terres.

L'habillement antique des kjetrias consistait uniquement en une pagne, une espèce de turban et des sandales ; ils portaient, comme les brames, le cordon qui leur donne le droit d'entendre la loi divine, mais non de l'expliquer.

Ils ne s'assujettissent au mariage qu'autant qu'ils le veulent bien, car ils ont le droit de répudier leur femme quand elle ne leur plaît plus. Les femmes, au reste, ont le même droit et peuvent quitter leur époux pour s'attacher à un autre. Suivant la coutume ancienne, l'homme présente à la femme qu'il désire posséder une pagne, qu'elle accepte, et dont elle se couvre en signe d'assentiment, et dès lors, sans autre cérémonie, ils se considèrent comme époux ; mais la femme demeure dans une maison particulière où elle reçoit les visites de son mari. Les enfants qui proviennent de cette union n'héritent ni des biens ni de la puissance de leur père, et ne sont pas même élevés par lui ni chez lui : il est seulement obligé de pourvoir à leur entretien tant qu'ils restent dans les pays de sa domination. Ces enfants sont élevés par leur mère, et plus souvent par le frère de leur mère, qui les regarde comme ses héritiers et en prend le plus grand soin. En effet, les rois indous, princes ou kjetrias qu'on nomme aussi nambouris, ne transmettent jamais leur succession à leurs enfants, mais à ceux de leurs sœurs ou tantes. Ils disent que le sang et la noblesse se transmettent par les femmes. Ils ont raison, car c'est le côté le plus sûr ; et nous ne sommes pas aussi susceptibles qu'eux.

Les kjetrias ne peuvent s'unir aux castes inférieures sous peine, pour les hommes, de perdre leur caste, et pour les femmes, de devenir esclaves et d'être vendues aux étrangers.

A la côte de Malabar, on nomme cette caste de nobles settréas. Elle était autrefois divisée en deux familles, qui ont ensuite produit plusieurs branches, mais avec lesquelles les premières ne s'allient pas pour conserver la pureté de leur race. C'est aux settréas qu'est confié le gouvernement et la défense du pays et le soin de veiller à la subsistance des brames. Ces nobles ne peuvent sans se dégrader faire aucun commerce; ils doivent vivre des revenus de leur terre, et s'ils ne peuvent suffire à élever leur nombreuse famille, les enfants sont obligés de servir les plus riches en qualité de soldats; on ne leur permet jamais d'embrasser une autre profession.

Il y a plusieurs classes de settréas, mais les plus nobles sont ceux qui se disent descendants du soleil et de la lune. Ce sont les premiers et les purs settréas. Ils peuvent déposséder les autres de leur gouvernement, parce que l'autorité royale leur appartient à l'exclusion de tous.

Les autres settréas nommés :

Eradi-settréas . . . . peuvent être rois dans quarante-huit pays.
Vellody-marre . . . . peuvent être rois dans quarante-six pays.
Moudi-settréas . . . . peuvent être rois dans quarante et un pays.
Moushika-settréas . . peuvent être rois dans quarante pays.
Nedo·ignandy-marre. peuvent être rois dans quelques pays.
Saamandy-settréas . peuvent être rois dans un seul pays.

Caste des *vayjsias*,

(A LA CÔTE MALABAR) VEINSJAS.

La troisième caste noble des Indiens, nommée caste des vayjzias, s'occupe de l'agriculture et des troupeaux, et a le droit d'en vendre les produits. Ce sont les marchands du pays, et tout le commerce est entre leurs mains. De même que les brames, ils s'abstiennent de tout ce qui a eu vie, au lieu que la seconde caste mange du poisson et de la viande, le bœuf et la vache exceptés : on se rappelle que la viande de ces animaux est interdite à toute la nation, moins par superstition, il est vrai. que par un principe politique, vu que le bœuf est de tous les animaux celui qui rend le plus de services aux Indes.

A la côte Malabar, ils sont connus sous six différentes dénominations : 1° veinsjas proprement dits; 2° ouciraveines; 3° ouroujaines; 4° aricines; 5° boumi-sprissaine; 6° vité. Il n'y a pas de différence parmi eux et ils sont tous marchands.

Dans cette contrée, et même dans une grande partie de l'Inde, le roi est seigneur propriétaire de toutes les terres de son royaume, et aucun particulier n'a droit de propriété sur les terrains qu'il cultive. Les basses castes, suivant une loi très-ancienne, ne peuvent rien posséder. Les rois concèdent des terres aux naïrs, aux vayjzias, aux soudras et même aux chrétiens, et quand ces concessions ont été faites par un prince, il est rare que ses successeurs ne les ratifient pas. Toutes les terres sont assujetties à une redevance de trente pour cent, qui s'estime ainsi : il faut dix boisseaux de riz pour ensemencer une verge, qui en rapportera cent au temps de la récolte; le cultivateur en doit trente au roi, tous frais compris. Cette loi, quoique ancienne, n'est pas absolument générale, et les biens des pagodes, des académies, des ascètes, des chrétiens de Saint-Thomé, et même de quelques églises chrétiennes, sont affranchis de toute taxe. Les Indous disent qu'il n'est pas permis d'imposer ce qui appartient à la Divinité. C'est au vi° siècle que les églises des chrétiens de Saint-Thomé furent affranchies par le roi Quérampéroumal.

Caste des chsoudras,

(A LA CÔTE MALABAR) SOUDRAS.

Cette quatrième caste des Indous comprend tous ceux qui exercent les arts et métiers, tels que médecins, astrologues, devins, orfévres, fondeurs, peintres, tisserands, serruriers, musiciens, charpentiers, etc. Ils sont divisés en autant de classes ou castes particulières qu'il y a d'arts ou de métiers, et chacune a son chef pour le maintien du bon ordre et de la tranquillité publique. Ces chefs de castes jugent tous les différends, et si la cause est grave et peut intéresser la caste toute entière, les vieillards et chefs de la famille sont appelés à prononcer. La question est alors décidée à la pluralité des voix. Le chef de caste doit pourvoir à l'établissement des filles pauvres et à la subsistance des malheureux de sa caste, au moyen des fonds mis en réserve pour cet usage. Il doit être averti des promesses de mariage, et sa présence est nécessaire pour les légitimer ; mais il a aussi le droit de les casser si les époux ne s'accordent pas ou si l'adultère est reconnu. Il peut enfin corriger ceux qui enfreignent la loi, et au besoin avoir recours au roi, qui prononce la dégradation des coupables et les condamne à perdre leur caste et à être vendus comme esclaves au profit de l'État. Cette dernière condamnation est excessivement rare.

A la côte Malabar cette caste est appelée soudras, et est, comme ailleurs, divisée en autant de classes qu'il y a de métiers. Voici les noms de quelques-unes de ces divisions :

PREMIÈRE CLASSE.

Janquall.	
Camell.	
Naire.	
Nayckain.	Tous sont hommes de guerre et militaires de distinction. Ils occupent le premier rang dans la caste des soudras, et viennent même après les settréas,
Pasda-nayckain.	
Addiodi.	
Nambiar.	
Chelletain.	
Talachmon.	
Apim-amonniars.	

DEUXIÈME CLASSE.

Courouppe.	
Panikère.	Hommes de familles distinguées et em-
Braddy-naire.	ployés dans le civil.
Menoky.	

Il y a deux qualités de soudras dans la première et la deuxième classe, que l'on nomme poratou-charnaveine et agatou-charnaveine. Les femmes des premiers ne peuvent manger chez les seconds, ni même se marier avec eux ; mais les hommes en ont la faculté. Seulement, si le poratou-charna-veine conduit sa femme chez lui, elle ne peut y faire la cuisine.

Ceux de la troisième classe, quoique exerçant des métiers, doivent en temps de guerre servir sous les ordres de leurs chefs militaires et civils.

TROISIÈME CLASSE.

Oulagate-naire	Ouvriers à la journée.
Ouruly-naire	Maçons ou piocheurs.
Coshavein.	Potiers.
Vallacat-naire	Fabricants d'huile.
Catchery-naire	Marchands ou boutiquiers.
Vellouca-maddatil-naire	Barbier des brames.
Cotta-marennne-naire	Tambours ou batteurs de tamtam.
Parapou-naire	Ceux qui mesurent le riz dans les palais.
Candatil-naire	Ceux qui pilent le riz dans les pagodes et apportent le bois.
Javary	Marchands et teneurs de boutiques, comme les catchery-naire.
Velleteste naire ou *banatane.*	Blanchisseurs des brames.

QUATRIÈME CLASSE.

La quatrième classe se compose ainsi :

Chetty.	Orfévres, batteurs de monnaie, changeurs. Ils sont habiles agioteurs et trouvent tou-jours les moyens de se procurer de beaux bénéfices.
Chinein	Saveliers.
Chelimpandy	Mendiants quêteurs au profit des pagodes, et dont les apports sont employés par les brames. Un de ces chelimpandy fit une quête pour rétablir la belle et curieuse pagode de Tchalambrom, où l'on voit encore les restes d'une chaîne en granit, qui faisait le tour de l'espace intérieur de ce temple considé-rable. On prétend que cette pagode a été bâtie par des éléphants. En 1796, un de ces

mendiants continuait une quête commencée 75 ans auparavant par d'autres; la masse était de trois lacs de roupies, et il en fallait réunir cinq.

Challiceine	Tisserands.
Chakiare	Danseurs et comédiens.
Vellouca-tarraceine	Barbiers des soudras. Chaque caste a ses barbiers, qui ne peuvent ni manger ni s'allier avec ceux des autres castes.
Pontila-Manary	Ceux qui servent aux sacrifices de la pagode de Bhagavadi.
Adikarrakeiren	Ceux qui purifient la boisson et la donnent aux brames dans les sacrifices.
Palichane.	Porteurs des palanquins du roi.

CINQUIÈME CLASSE.

La cinquième classe se nomme caste des tives, et se divise à peu près ainsi :

Tandanne.	Chef de la caste, et chargé des cérémonies. Cette dignité s'achète quelquefois.
Couroupou	Maître d'école.
Paniker.	Maître d'escrime.
Svatane	Voués au culte de Bhagavadi. Ils portent au cou une espèce de chapelet composé de noyaux de fruits.
Vgeaveine.	Celui qui tire le calou des cocotiers et distille l'arack. On les nomme aussi *sonaires*, et ils sont les moins considérés de leur caste.

Les tives sont aussi guerriers, mais inférieurs aux nairs, qui se trouveraient souillés par leur attouchement. Ils sont infatigables et estimés des Européens à cause de la douceur de leur caractère. Une jeune fille, à huit ans, subit une cérémonie nommée le *calianou*, qui lui permet de former un lien. Un prétendant se présente, et les deux enfants sont unis par leur seul consentement. Au bout de quelques années on célèbre le mariage, si les époux se conviennent toujours, ou, dans le cas contraire, ils se séparent pour former de nouveaux nœuds, malgré les enfants qui peuvent être nés de la première union.

Mogaveine.	Pêcheurs et marins. Ils ont le privilége d'adorer l'image de Bhagavadi.
Maucouveine ou maucouas.	Sont aussi pêcheurs, mais considérés comme une caste des plus basses, et font quelquefois le service de domestiques, portefaix, porteurs de palanquins; ils ne peuvent s'occuper des travaux d'agriculture, réservés pour des mains plus nobles.

Par un usage assez singulier, les droits d'hérédité sont fixés, dans cette basse caste, comme dans les hautes. Ce n'est pas l'enfant légitime qui hérite du père, mais bien l'aîné des neveux, en ligne féminine. Les maucouas ne peuvent habiter que les bords de la mer, et enterrent leurs morts dans le sable.

Azaris . . . . Charpentiers. On cite, au sud de Calicut, une peuplade de ces azaris chez lesquels la femme, en épousant son mari, devient aussi la femme de tous ses beaux-frères. Plus au sud encore, on trouve le même usage dans une peuplade de tives.

Pericollin. . . . . Forgerons.

Tabanne ou chettis . . . . . . Orfèvres. On les nomme encore *canarins*, du nom de Canara, pays dont ils sont originaires. Ils ne mangent rien de ce qui a eu vie et font plusieurs ablutions par jour. Ils seraient souillés par l'attouchement d'un homme de caste inférieure, et répugnent à la vue du sang. Leurs veuves ne se brûlent point sur le corps de leur mari, mais une seconde union leur est interdite. Ils sont très-nombreux à la côte Malabar, où ils font un grand commerce.

Moussary . . . . Chaudronniers.

Tchimboty . . . . Tourneurs en cuivre.

Velleine ou valchiere. . . . . . Médecins et chirurgiens. Leurs femmes sont sages-femmes.

Kaniane. . . . . Devins qui prédisent l'avenir et chassent les mauvais génies. Ils sont quelquefois maîtres d'armes et de mathématiques.

Vananne . . . . Blanchisseurs.

Mounvettein. . . . . Danseurs.

Mallaieine. . . . . Danseurs.

Velourcine. . . . . Sauniers et terrassiers.

Coravcine. . . . . Ceux qui instruisent des couleuvres et font des tours d'escamotage.

Parayéne. . . . . Fabricants de parasols et de vans pour vanner le riz. Ils mangent de la viande de bœuf.

Condaveine . . . . Chercheurs de miel.

Poulicine . . . . Chasseurs.

Caricupalein . . . . Laboureurs dans les bois.

Eravaleine . . . . Fabricants de flèches.

Panieine . . . . *Idem.*

Valoureine . . . . Fabricants de poudre à tirer.

Poulourcine. . . . . *Idem.*

Couroucanaleine . . . . Sorciers; habitants des bois.
Montoreine . . . . Chasseurs au filet. Ils mangent toute sorte de
                  viande.
Polloyeine. . . . . Gardiens des champs de riz. Ils mangent toute
                  espèce de viande, excepté du bœuf.
Chanaleine . . . . *Idem.*

On pourrait regarder aussi comme faisant caste les *mapoulés* ou *maples* ; mais je n'ai voulu indiquer que les castes indiennes, sans y comprendre les étrangers qu'un long séjour dans l'Inde a presque naturalisés. Les maples descendent d'Arabes mahométans qui, venus des bords de l'Afrique pour former des établissements dans l'Inde, étendirent leur religion en achetant beaucoup d'esclaves auxquels ils donnèrent la liberté après les avoir circoncis. Comme un certain orgueil empêchait les Africains de mêler leur sang à celui de leurs affranchis, ceux-ci formèrent avec le temps un peuple particulier le long de la côte, depuis Goa jusqu'à Madras. Leur idiome est celui des contrées qu'ils habitent, et leur religion est l'islamisme corrompu par toutes les superstitions indiennes.

Parias et poulias.

En dehors de toutes les castes, il existe encore une classe d'hommes courbés sous le poids du fanatisme, et qui est frappée d'une réprobation générale : elle se compose des parias, c'est-à-dire des gens qui ont perdu leur caste, et est tellement méprisée de toute la nation, qu'on ne daigne ni lui accorder le nom de caste ni communiquer avec elle. Ces malheureux parias sont regardés comme impurs ; s'ils habitent les villes, ils doivent occuper un quartier séparé, et s'ils habitent les campagnes, leurs villages ou habitations doivent être situés à une certaine distance des autres. Ils ont des puits particuliers et ne peuvent visiter les temples ou pagodes. Ils sont tous pauvres, et gagnent misérablement leur vie à retourner la terre, à creuser des fossés, à porter des fardeaux, à retirer des étangs les animaux noyés, à les écorcher et les équarrir, à faire le service de bourreaux, et en un mot à faire tous les plus vils travaux. Les parias ne se font aucun scrupule de manger de la viande, même de bœuf ou de vache ; aussi cette seule circonstance suffirait-elle pour les faire mépriser de la nation, quand même il n'y aurait pas d'autres raisons. Les Européens les emploient comme émissaires et domestiques.

Ces parias, objets éternels du mépris des autres castes, ont chassé, dit-on, de leur sein les poulias ou poulichis, plus avilis encore : ce sont les criminels condamnés à l'esclavage. Ceux-ci sont réduits à n'habiter que les forêts, où ils se font des espèces de nids sur les arbres. On en voit beaucoup entre Calicut et Palgale, et ils viennent sur la grande route en hurlant comme des bêtes féroces pour exciter la commisération des passants. On leur jette alors du riz ou quelque autre aliment, que ces malheureux viennent ramasser quand le voyageur s'est éloigné, afin de ne point le souiller par leurs approches. Ils sont absolument nus et mènent une vie plus méprisable qu'aucun habitant de ces climats; ils n'ont ni intelligence ni industrie, et sont de tous les hommes ceux qui approchent le plus des brutes.

Ces malheureux êtres sont si dégradés aux yeux de la nation, qu'un Indien d'une caste quelconque, qui croit faire une bonne action en sauvant la vie à un animal, ne se dérangera pas pour secourir un paria ou un poulichis, dans la crainte d'être souillé.

On croira facilement que toutes les lois que j'ai exposées comme fondamentales de la religion des Indous ne s'observent exactement que dans les pays où ceux-ci sont absolument maîtres, car dans les contrées occupées par les Européens ou les musulmans, les contrevenants ont mille moyens de se soustraire au châtiment. Il suffit, par exemple, pour être à couvert de la sévérité de la loi indoue, de se faire chrétien ou musulman, de se mettre au service d'un Européen ou de s'enrôler en qualité de cipaye ou soldat. Tant de facilités d'éluder la loi doivent nécessairement amener beaucoup d'abus, et l'on se tromperait beaucoup si l'on jugeait les Indous d'après ceux qui habitent les comptoirs européens. Les voyageurs qui veulent se faire une juste idée de ce peuple doivent aller le chercher dans l'intérieur des terres, où il est resté pur de tout contact avec nous. C'est là que les mœurs primitives sont encore dans toute leur vigueur. Quant aux lois brahminiques, il faut les étudier dans les livres sacrés, plutôt que de s'en rapporter aux brames, qui trouvent toujours moyen d'éluder les questions, et qui d'ailleurs, obligés par leur religion de n'en point révéler les secrets, trompent souvent le voyageur à dessein.

Temples et pagodes.

Les anciens monuments de l'Inde, tels que les temples et pagodes d'Éléphanta, de Salcette, de Maralipouram, d'Elloura, de Benarès, de Tirounamaley, de Jaguernack ou Jagrenat, qui paraissent exister depuis plusieurs siècles avant Alexandre le Grand, indiquent que l'architecture, avec les arts qui en sont les accessoires, avait fait de grands progrès dans ce pays longtemps avant que les Grecs eussent inventé leurs ordres ingénieux, auxquels les siècles suivants n'ont rien ajouté de plus parfait. Sonnerat, ancien commandant d'Yanaon, dit que « les pyramides tant vantées de l'Égypte sont de bien faibles monuments auprès des pagodes de Salcette et d'Elloura; les figures, les bas-reliefs et les milliers de colonnes qui les ornent, creusés au ciseau dans le même rocher, indiquent au moins mille années d'un travail consécutif, et les dégradations du temps en désignent au moins trois mille d'existence. D'après cela, on ne sera pas surpris que l'ignorance indienne attribue le premier de ces ouvrages aux dieux et le second aux génies. »

L'architecture n'est assujettie chez les Indiens à aucune règle. Dans les grandes tours placées au-dessus des portes de leurs temples, et qui sont les seuls monuments capables de donner une idée de leurs talents en ce genre, on voit des étages quelquefois très-bas et d'autres fois fort élevés. Les colonnes nombreuses qui décorent l'intérieur des pagodes n'ont point de proportions fixes:

les unes sont très-grosses par le bas et se terminent comme un cône en diminuant insensiblement ; d'autres sont fort minces par le bas et très-grosses par le haut. Cependant ces temples ont, à mon avis, quelque chose de plus noble et de plus majestueux que ceux des Chinois et même des autres peuples de la terre. Ces énormes machines qui couronnent les portes, les décorations intérieures, et les milliers de colonnes qui entourent les pagodes, inspirent le respect et annoncent la demeure de la divinité.

Porphyre, en parlant de ce qu'on voyait autrefois dans les pagodes d'Éléphanta et de Salcette, dit : « Dans ces temples, qui sont remplis des représentations des dieux et déesses, sous toutes les formes et dans toutes les attitudes possibles qu'on a décrites, se voit une statue de dix ou douze coudées de haut, debout, ayant les mains étendues en croix. Toute la partie droite de cette statue, depuis la tête jusqu'aux pieds, représente un homme, et tout le côté gauche représente une femme ; sur sa mamelle droite est gravé le soleil, et sur la gauche la lune. Le ciel, les montagnes, la mer, les fleuves, les plantes, les animaux, sont figurés sur cette statue, et l'on croit que Parabrahma la donna à son fils pour lui servir de modèle quand il voulut créer le monde. »

Dans le temple de Maralipouram, près de Sadrast, sont taillées dans le roc les représentations de Brama, Chiva, Wichnou et toutes les incarnations de ce dernier.

Tous ces édifices, construits sur des plans gigantesques, ressemblent à des villes et inspirent par leur étendue et le silence qui y règne un sentiment profond de vénération, qui ne peut être effacé par la vue des figures grotesques, d'après nos idées, qui s'y trouvent représentées.

Toutes les pagodes ne sont pas entièrement taillées dans le roc, comme l'affirme Sonnerat, et la plupart au contraire ont des ouvrages de maçonnerie qui en rehaussent la beauté. Je citerai, par exemple, celle de Mavalipouram, dont la base et le premier étage sont en effet taillés dans le roc, mais qui a douze étages en maçonnerie. Les blocs sont énormes, et il a fallu pour les transporter et les mettre en place de grands frais et surtout des moyens mécaniques qui indiquent une grande connaissance des arts. Ces blocs sont en pierre grise de la qualité de nos grès d'Europe, mais beaucoup plus dure et plus compacte.

Les pagodes (1) sont ordinairement construites d'après un même plan et ne diffèrent que par les proportions. Ce plan est un carré entouré d'un mur très-élevé et très-solide. Sur les quatre faces nord, sud, est et ouest, sont construits ces fameux édifices qu'on prend quelquefois pour autant de pagodes, mais qui ne sont dans le fait que les portiques du temple. Le principal est celui de l'est et il a souvent quatorze étages. Le portique de l'ouest est le second en élévation, et ceux du nord et du sud n'ont guère en hauteur

____

(1) *Pagode,* mot dérivé de *bhagavadi,* et dont on a fait par corruption *pagodi.*

que la moitié du plus grand. Le sommet de ces portiques ayant tout au plus le quart des dimensions de la base, il en résulte que leur forme est celle d'une pyramide tronquée. Quelquefois une espèce de chapiteau les couronne.

Après avoir traversé ces portiques, on se trouve dans l'enceinte sacrée, dont le temple occupe généralement le centre. Il est beaucoup moins orné que les portiques, et ne renferme intérieurement que des statues bizarres et hideuses de la divinité à laquelle il est consacré. En dedans de l'enceinte et autour du temple se trouvent un grand nombre de petites chapelles, surtout quand la pagode est dédiée à Chiva. Le peuple n'a jamais l'entrée de la pagode, même dans les grandes solennités, et reste toujours en dehors de l'enceinte où les brames viennent faire les cérémonies. Il y a toujours près de chaque pagode un étang qui sert aux ablutions; ses eaux sont sacrées à cause du voisinage du lieu saint.

J'ai indiqué la forme la plus ordinaire adoptée pour les pagodes; mais il en est cependant qui en diffèrent beaucoup. Je me réserve de les détailler avec soin dans mon ouvrage descriptif de l'Inde, et je ne devais ici que donner sommairement et en général la distribution exigée de ces temples, dont le nombre est immense.

Les brames attachés à une pagode y demeurent et voilent ainsi leur vie aux regards du vulgaire. Ils reconnaissent l'autorité d'un chef ou grand prêtre, dont la dignité est héréditaire dans sa famille, car il ne peut se marier. Il ne sort jamais du temple, et se montre une fois par an au peuple, qui le considère comme un être surnaturel. Il jouit des revenus de la pagode, qui sont souvent très-étendus à cause des donations de terres faites par de riches dévots, et reçoit toutes les offrandes, dont il tire le parti qu'il lui plaît dans l'intérêt de ses subordonnés. Dans les grandes calamités publiques, il doit se sacrifier pour apaiser les dieux; mais ce cas est très-rare.

Chaque pagode a aussi un certain nombre de femmes consacrées à la divinité et dont l'emploi est de balayer le temple, d'allumer les lampes, de servir les brames, et enfin de tenir tout en bon état. On les nomme deva-dasi, qui signifie en sanscrit servantes de la divinité. Elles se recrutent ordinairement parmi les veuves, qui ont préféré se consacrer ainsi au service d'une pagode plutôt que de se brûler sur le corps de leur mari. Elles habitent des maisons attenantes à la pagode, ne sortent jamais, et n'ont aucun commerce avec les hommes, surtout avec les Européens, qu'elles regardent comme impurs. Elles jouissent parmi le peuple d'une grande considération.

On confond souvent, à grand tort, ces femmes estimables avec d'autres bien différentes nommées nartagui et plus généralement bayadères, du mot portugais *balledeiras*, danseuses. Elles sont en effet danseuses de profession, et se divisent en deux classes : celles consacrées à une pagode, et celles qui sont libres. Ces dernières se donnent à qui veut les payer, tandis que les premières n'ont de relations qu'avec les brames dont elles sont les concubines, et ne dassent qu'en l'honneur du dieu auquel elles sont consacrées. Lorsqu'elles sont vieilles ou fanées, et qu'elles n'offrent plus d'aliment à la lubricité des brames, elles rentrent dans la seconde classe et sont ordinairement filles publiques.

Chaque Indien est libre d'envoyer sa fille à la pagode pour en faire une devadasi; mais elle ne doit pas encore être nubile. La caste des tisserands est la seule où le chef de la famille soit obligé de consacrer une de ses filles à ce métier. Elles sont alors instruites sous la direction d'une vieille femme experte, qui leur enseigne, avec les devoirs de leur religion, tous les secrets de l'art de plaire, et les met en état de satifaire les passions des brames.

Quant aux danses que ces femmes exécutent dans les solennités religieuses, on y reconnaît facilement la représentation mimique des exploits de Wichnou ou de Chiva. Les musiciens les accompagnent d'ailleurs en chantant un poëme sacré dont elles traduisent les paroles par leurs gestes.

Livres sacrés.

Les Indous disent qu'il existe quatre lois (vedams), six sciences (chzastroms), dix-huit histoires anciennes (pourannams). Voici l'explication de cet axiome de leur religion :

Quatre livres qui remontent à la plus haute antiquité, ou plutôt dont l'origine est inconnue, contiennent toute la science humaine, et rien ne s'invente sur la terre qui n'y soit indiqué à l'avance. Ces quatre livres se nomment les vedams, et ils sont la base de la religion. Wichnou effectua sa première incarnation pour les sauver, mais il ne put parvenir qu'à en sauver trois, et le quatrième est perdu. Outre leur nom collectif de védams, on les distingue chacun par un nom propre : Roukouvédam, Chamavédam, Andernavédam et Ezourvédam. Selon les brames, ces livres sont précieusement conservés dans la pagode de Bénarès; mais, personne ne les ayant jamais vus, leur existence est fort douteuse. Le premier traitait de la loi, le second des sciences, le troisième de l'histoire, et le quatrième de la magie.

Les védams étant trop compliqués et écrits d'ailleurs dans un style trop élevé pour le peuple, les brames en firent des extraits ou commentaires. Le premier livre, celui de la loi, fut laissé intact. Le second fournit les livres appelés Chzastroms, au nombre de dix, qui traitent d'astronomie (1), de mathématiques, de médecine, et en général de toutes les sciences. Le troisième livre a produit les pouranams, poëmes ou livres d'histoire dont le nombre s'élève à dix-huit. La relation des aventures de tous les dieux y est consignée. Dix sont consacrés à Chiva, quatre à

---

(1) C'est d'après les *chzastroms* que les brames calculent le cours des astres et les éclipses.

Wichnou, deux à Brahma, et deux à Aguini, dieu du feu. Le quatrième védam ayant été perdu, il ne pouvait être question de lui (1).

Ce que j'ai dit en commençant se trouve donc ainsi expliqué : les quatre lois sont les védams, les six sciences les chzastroms, et les dix-huit histoires les pourannams. Beaucoup de brames nient cet axiome, en ce qu'ils ne veulent pas reconnaître pour canonique la quatrième loi qui concerne les enchantements, les empoisonnements, l'art de la divination et l'astrologie judiciaire, qui n'est guère pratiquée que par les chzoudras et les castes inférieures. Le vocabulaire amarasimgham, qui certainement est très-ancien, et le livre Tambavam, ne reconnaissent également que trois lois.

Les Yagamams traitent spécialement des prières, des sacrifices et de tout le rituel indou; ils sont au nombre de vingt-huit et sont aussi extraits des védams.

Le livre Ramayennam, qui chante la guerre de Chzri-Rana contre Ravana, est un poëme sacré rempli de vives images, de pensées sublimes et d'une noble majesté; le style est correct, élégant et énergique. On chante des vers de ce poëme aux portes des temples, pour élever l'âme du peuple.

Youdbichdiravigma; ce poëme, d'un style facile, clair et élégant, célèbre la victoire des fils du roi Youdou ou Pandou, remportée par le secours de Krichzna.

Mâgha, que l'on nomme le prince des poëmes, est d'un style pur, mais concis et difficile à comprendre; ses pensées sont sublimes et puisées à la plus haute philosophie. Il chante les hauts faits de Wichnou contre Iranya.

Il y a encore beaucoup de livres sacrés, mais les plus estimés sont ceux que j'ai cités. On pourrait cependant y en ajouter trois autres qui, quoique n'étant pas essentiellement religieux, se rattachent par beaucoup de points aux convictions des Indous. Ce sont : le vocabulaire amarasimgham, la grammaire sanscridamique nommée Sedbaroubâm, et la seconde partie ou syntaxe de cette grammaire, nommée Viagaranam. Le vocabulaire amarasimgham (2), écrit en vers, a été traduit en tamoul et en malabar. On y trouve expliqués par chapitres et sections les noms des dieux, des astres, des éléments, des choses surnaturelles, des sciences, des couleurs, de la terre, du monde, des montagnes, des fleuves, des arbres, des plantes, des animaux, des hommes, des tribus indiennes, des sacrifices, de l'agriculture, des arts mécaniques, etc... Ensuite viennent les mots et les expressions à double signification , puis les adverbes et tout ce qui est indéclinable. Les traductions de ce livre se nomment, dans le midi de l'Inde, Tamouchzroutta.

---

(1) Un livre nommé *Ezourvédam* a été imprimé en 1778. C'est un livre chrétien, qui réfute les superstitions des Indiens, et auquel l'auteur, pour lui donner plus de vogue parmi les Gentils, a donné le nom d'un des *védams*. Il a été écrit à Mazulipatam , par un missionnaire.

(2) Ce mot signifie fort, lion, chef, pilote.

La langue sanscridamique, sanserdamique ou sanscrit, est la langue sacrée du Talenga, du Tamoul, du Malabar, du Bengalin, du Nagarique, de l'Indostan ou Vanarein, du Wartique et du Maratte. On la nomme ordinairement dans l'Inde samskreda, qui est son véritable nom, composé de *sams*, conjointement, et de *kreda*, chose parfaite. Samskreda peut donc signifier un tout parfait. On la nomme encore Grantham, dont les Tamouls ont fait Quirendam dans leur idiome, qui a deux lettres de moins que l'alphabet sanserdamique. Ce nom vient des feuilles de palmier sur lesquelles les Indous écrivent communément.

La langue sacrée possède dans son alphabet cinquante-trois lettres, et a des mots pour exprimer presque toutes les idées, à l'exception des termes de quelques arts modernes. Elle offre une immense quantité de noms, de verbes, de termes philosophiques, théologiques, métaphysiques, botaniques, physiques, astronomiques, grammaticaux, etc., et cette richesse d'expressions lui vient de la plus haute antiquité. On conçoit aisément qu'elle soit très-difficile à apprendre, mais aussi elle présente de grands avantages aux poètes, qui y trouvent un abondant répertoire de synonymes; on en peut juger par les mots suivants : Chiva a 46 synonymes : Brama, autant; Vichnou, 40; soleil, 28; oiseau, 20; homme, 12; maison, 20; parole, 12, etc.

Maximes, sentences et proverbes indous.

«Pour ceux qui ont l'esprit, la volonté et la conscience tranquilles, tout le monde est tranquille; de même que ceux qui ont la plante des pieds munie d'une bonne chaussure n'ont pas à exciter la pitié de ceux qui les voient marcher sur un terrain couvert de cailloux pointus.

«Aime et recherche la société des personnes honnêtes et graves; désire qu'il arrive du bien aux autres et fais-leur en toi-même; respecte ton précepteur et ton maître; travaille à t'instruire; n'aie de commerce qu'avec ta femme; fuis et déteste les péchés du monde; sois dévoué à ton Créateur; réprime les passions; évite la société des méchants. A l'homme qui se conduira ainsi, louange et bénédiction.

« L'étendue de la science est infinie, et le peu d'années que nous avons à vivre ne suffit pas pour l'acquérir en entier; choisissons donc et tâchons d'acquérir ce qu'il y a de meilleur, à l'exemple du cygne qui, en nageant sur l'eau, choisit et boit la meilleure et la plus pure.

«Entre les fleurs, le premier rang est dû à la fleur guiadi; entre les hommes, à Krichna; entre les femmes, à Rhamba; entre les villes, à Kangi; entre les fleuves, au Gange; entre les rois, à Brahma; entre les poèmes, à Magha; entre les poètes, à Kali.

« L'air est la force des oiseaux; l'eau, celle des poissons; les pleurs, celle des enfants; le roi, celle des peuples.

«Celui qui apprend les règles de la sagesse sans y conformer sa vie est semblable à un homme qui labourerait son champ et ne le sèmerait pas.

«La vertu pardonne au méchant comme l'arbre sandal parfume la bache même qui l'a frappé.

«Le bon gouvernement, le bon conseil, l'étendue du pays, l'opulence des villes, le courage militaire, un allié fidèle et la bonne intelligence avec ses voisins, sont les sept vrais soutiens d'un royaume.

«Un bon oiseau se connaît à son chant, une bonnête femme à sa pudeur, un homme vertueux à sa patience.

«O toi qui peux jouir d'un doux sommeil, pense à ceux que la douleur empêche de dormir! O toi qui marche lentement, aie pitié de ton compagnon qui ne peut te suivre! O toi qui es opulent, songe à celui que la misère accable!

«Veux-tu manger du pain, ne reste pas couché sur le son.

«Un homme peut passer pour sage lorsqu'il cherche la sagesse; mais s'il croit l'avoir trouvée, c'est un sot.

«L'ignorance est une rosse qui fait broncher celui qui la monte et qui fait rire de celui qui la mène.

«Si les richesses abondent chez toi, ne t'en réjouis pas trop.

«Que ta bouche soit la prison de ta langue.

«Le paresseux voudrait bien manger l'amande, mais il craint jusqu'à la peine de casser le noyau.»

Discussion sur l'origine du monde.

D'après le livre braminique *Manava Chzastram*, ce monde était tout ténèbres où rien ne pouvait se distinguer. Il était plongé dans un profond sommeil, jusqu'à ce que Dieu, invisible et existant par lui-même, se manifestât pour dissiper les ténèbres. Son désir de faire sortir du néant diverses créatures par une émanation de sa propre gloire créa d'abord les eaux, auxquelles il imprima la faculté de se mouvoir. Par cette faculté fut produit un œuf d'or, brillant comme mille soleils, dans lequel naquit Brabma, puissant père de tous les êtres raisonnables. Voici quelques strophes du livre sacré *Sambavan*, qui traite de l'origine du monde :

1. Le roi priant instamment Vedavyasen (hésicate, auteur de la loi des gentils) de raconter l'origine des choses,

2. Paychzen (collègue de l'hésicate Vedavyasen), né de l'esprit et de la vraie sagesse du dieu Parabrama, parla ainsi :

3. Le fils de Dhàda (c'est-à-dire Brama, la terre ou la matière), Dekchzen, eut soixante fils, qui lui donnèrent bien du tourment.

4. Du nombre de ces fils qu'enfanta Adidi, mère des dieux, est Sourienne le soleil, dont le fils est Manou ou Meçou. Celui-ci engendra Nilen.

5. A Nilen naquit une femme par la volonté du Destin (on peut traduire ainsi : Nilen fut changé en femme par le Destin); cette femme enfanta Virincen, qui avait trois yeux.

6. De Virincen naquit Quiandren, dont le fils est Bhoudda (Mercure).

Celui-ci, dans sa jeunesse, aima une jeune fille vers laquelle il portait toutes ses pensées.

7. Cette jeune fille eut sept fils, dont le premier est Pourou, qui habita également avec une concubine.

8. Pourou engendra le roi Ayoussa, qui gouverna le monde pendant quelques années et eut pour fils Nabouchza, père du roi Naouchzden, père de Yayadi, qui épousa Dévayani, fille de l'hésicate Choukza (la planète Vénus, du genre masculin), précepteur des mauvais génies, fils d'Adidi.

9. Le roi Yayadi prit pour seconde femme ou concubine, conjointement avec Dévayani la belle,

10. Chzarmichzda, seconde fille de Brabassadi (planète Jupiter, instituteur des bons génies, autres fils d'Adidi.

11. De ces deux femmes provinrent cinq fils : de Dévayani, Yadou et Drouvouchza, et de Chzarmichzda, Droubyou, Anadroubyou et Proubyou, célèbre par sa vertu.

On doit remarquer qu'à la troisième strophe le nom Dhada est attribué au dieu Brahma, et que dans le vocabulaire amarasingha il signifie père. Or, Brahma, comme nous l'avons vu, n'est autre chose que la terre personnifiée ; donc Deskchza ou Dekchzeu (qui veut dire homme diligent), fils de Dhada, est fils de la terre, et par conséquent les brames croient, comme nous, que l'homme a été formé de la terre.

A la quatrième strophe, Adidi, la mère de tous les génies bons et méchants, enfante Sourienne, ou le soleil, qui tient un des premiers rangs parmi les dieux indiens et qui lui-même a pour fils Manou, premier roi de l'Inde(1). Les Indous se vantent d'avoir reçu leurs institutions civiles de ce Manou, et il existe encore aujourd'hui un livre intitulé *Manousmidi*, qui contient ses mémoires et le système de la législation indienne. Ce même Manou ou Satyaourda (homme juste) fut sauvé des eaux par Wichnou, qui pour cela fit sa première incarnation. On peut avec raison penser que Manou et Noé ne sont qu'un seul et même homme.

Simplicius dit, dans son livre du Ciel, que le philosophe Callisthène envoya à Aristote les observations astronomiques des Chaldéens ; ces observations, suivant le calcul et le sentiment les plus ordinaires des écrivains, se rapportent à l'année 2230 environ avant J. C. Or, Noé vivait assez peu de temps avant cette époque. Les peuples menaient alors la vie pastorale, si propre aux observations astronomiques, et on voit vers le même temps les Hysces ou Hysciens, ou rois pasteurs sortant de l'Arabie, prendre Memphis et fonder l'empire égyptien. A la même époque on voit aussi l'établissement de la monarchie des Assyriens. On peut, avec assez de probabilité, présumer que les brames, qui par naturel n'aiment pas à s'expatrier, étaient restés, après la dispersion, dans les belles plaines qui s'étendent entre le Tigre et

---

(1) Manou est certainement Menès, premier roi des Égyptiens.

l'Euphrate, occupés à observer les astres, à faire de la poésie et à garder les troupeaux, noble profession que lé dieu Wichnou ne dédaigna pas dans la suite. Puis, tandis qu'ils passaient ainsi tranquillement leur vie, conservant précieusement les vieilles traditions de Noé et des patriarches, les Assyriens, hommes grossiers et irréligieux, vinrent troubler leur vie contemplative, s'emparer de leur pays et exiger qu'ils changeassent leur religion et leurs usages, qui ne pouvaient convenir à des guerriers durs et féroces. Les brames alors, poussés à bout, aimèrent mieux s'expatrier et aller chercher au delà du mont Mérou une terre libre et hospitalière, que d'être esclaves et de renoncer à une religion qui convenait à leur caractère et qu'ils tenaient des premiers hommes et des dieux. Arrivés dans l'Inde, ils ajoutèrent à leurs anciennes coutumes quelques pratiques convenables à la localité et au climat, et le temps se chargea de faire de leur loi ce que nous en voyons aujourd'hui.

Cette opinion que j'expose paraîtra fondée avec raison lorsqu'en réfléchissant sur le style historique des livres braminiques, on se rappellera toutes les guerres dont ils font mention entre les bons et les mauvais génies; entre les Titans, les géants de la terre, et les saints hésicates ou solitaires; entre les dieux Devaguels, qui défendaient l'ambroisie céleste (la manne), et les dieux Assurer, qui furent sur le point de la leur enlever, et qui furent vaincus par le secours de Wichnou. La ressemblance entre les mots Assurer, Assur (Assyriens), et l'analogie entre le caractère doux et religieux des brames et celui des bons génies, entre le caractère orgueilleux et vindicatif des conquérants et celui des mauvais génies, porte à croire que les brames, dans leur style hyperbolique, ont voulu désigner par ces noms d'Assurer, de Titans, de géants, leurs anciens persécuteurs, qui les chassèrent de leur pays natal et les contraignirent de se réfugier dans l'Inde. Là, les brames se livrèrent tranquillement aux pratiques de leur religion et fondèrent un empire.

Enfin, pour réunir le plus de traits de lumière qu'il nous sera possible, traduisons encore quelques strophes du livre sacré Bhâgavadam :

1. La grandeur et les hauts faits des deux familles de rois issus du soleil et de la lune, et chantées par le grand poëte, sont admirables ;

2. Célébrons donc la lignée du vertueux hésicate Yadou, les faits héroïques de Wichnou incarné son descendant.

3. Mes ancêtres les Pandaves, réunis en grand nombre, traversèrent la mer portés sur les eaux comme le bois flottant, et se rendirent terribles en domptant les géants. Tel le poisson Timingala, ce monstre horrible qui couvre quarante lieues de la surface de son corps et engloutit dans sa vaste gueule tous les poissons de la mer.

Sur ce passage du livre Bhâgavadam (qui signifie livre de Wichnou), observez que cette mer traversée ne peut guère être autre que celle qui couvrit la terre au temps du déluge; autrement le ton emphatique que prend l'auteur pour raconter cette expédition serait tout à fait ridicule. De plus, la souche de la famille du dieu Wichnou, qui devait être sans doute des plus anciennes, est Yadou, qui vivait vers le temps de ce déluge, et l'on doit croire que l'auteur du Bhâgavadam eût été chercher encore plus haut l'origine de son héros, qui est un dieu, si l'histoire du temps antérieur à Yadou lui eût été connue. On peut inférer de là que l'histoire vraie ou fabuleuse dont les brames sont dépositaires ne remonte pas plus haut que le déluge, époque de la première incarnation de Wichnou sous la forme d'un poisson pour sauver le pieux Manou.

Disons maintenant un mot des Pandaves et de la neuvième incarnation de Wichnou, qui les secourut sous la forme de Krechzoa ou Krichna. Pline et Ptolémée parlent d'un peuple nommé Panda ou Pandaves, qui habitait les bords du Gange, et qui par conséquent existait avant J. C.; mais l'époque de la neuvième incarnation de Wichnou est antérieure à l'ère chrétienne; et, d'un autre côté, cette neuvième incarnation de Wichnou ne peut avoir précédé le déluge, car alors les livres sacrés des Indous ne la donneraient pas comme la neuvième, mais bien comme la première, puisqu'elle aurait précédé celle que subit Wichnou sous la forme d'un poisson, et qui a un rapport évident avec le déluge. Cette neuvième incarnation doit donc être arrivée entre le déluge et la naissance de J. C. Mais s'il est vrai que les brames aient été chassés par les Assyriens, après la dispersion de Babel, de la Babylonie, de la Mésopotamie, Assyrie ou Perse, noms qu'ont portés successivement les plaines situées entre le Tigre et l'Euphrate, comme cela est probable, cette neuvième incarnation faite en leur faveur à l'occasion d'un royaume de l'Inde, où ils étaient alors établis, est nécessairement postérieure à leur fuite de la Perse et par conséquent à la dispersion de Babel.

Résumons tout ce que nous venons de dire dans cette discussion.

1° La première création que Dieu a faite est Brama ou la terre, dont le fils premier-né est Derkchzen. Donc le premier homme, suivant les brames, est fils de la terre, ou, dans l'acception de Moïse, formé de terre, ce qui revient au même.

2° Le livre sacré Sambhavam ne parle guère, avant l'homme sauvé du déluge, que de naissance de dieux et de génies qui président aux planètes: et le livre Bhâgavadam ne remonte pas plus haut que le déluge, même quand il s'agit de faire remonter l'origine de ses héros à la plus haute antiquité. Les autres livres braminiques ne nous instruisent pas mieux, ce qui prouve que les brames n'en savaient pas plus long, et que leur histoire vraie ou fabuleuse ne date que des temps postérieurs au déluge. Leur silence ou leur ignorance ne prouve donc rien contre ce que Moïse rapporte des temps qui ont précédé le déluge.

3° Il faudrait être aveugle pour ne pas voir que ce grand cataclysme est clairement désigné par cette inondation qui couvre les plus hautes montagnes, et entre autres le mont Mérou. Moïse indique Noé comme l'homme juste sauvé de cette inondation, et en tout cela il est parfaitement d'accord avec les brames : Noé en langue hébraïque et Manou en langue samscridamiqué ont la même signification.

4° La neuvième incarnation de Wichnou est postérieure à la dispersion de Babel, puisqu'elle s'est faite lorsque les brames étaient déjà établis dans l'Inde. De plus, elle est postérieure à toutes les autres, puisqu'elle s'est faite en faveur des Pandaves, qui existaient avant Pline et Ptolémée et environ mille ans avant l'ère chrétienne.

5° Enfin, la chronologie des brames s'accorde parfaitement avec celle de Moïse.

TABLE DES MATIÈRES.

www.ingramcontent.com/pod-product-compliance
Lightning Source LLC
Chambersburg PA
CBHW061424060726
47597CB00003B/1138